AF313652

8°
J
139

MONNAIES ROMAINES

ET BYZANTINES

PRIX : 1 FRANC

EN VENTE

Chez J. FLORANGE, Expert en Médailles

21, quai malaquais, 21

PARIS

1895

FLO
1895
LISTE

BIBLIOTHEQUE NATIONALE DE FRANCE

3 7531 05358419 0

La conservation des pièces est indiquée scrupuleusement.

Les prix sont nets.

Les envois aux frais des acheteurs et payables à réception en un bon à vue sur Paris ou contre remboursement et, à défaut, par traite avec frais de recouvrement ajoutés au montant de la facture.

Pas de réponse aux demandes d'articles vendus.

Achat de monnaies et médailles de tous pays, tant anciennes que modernes.

Rédaction de catalogues. — Expertises.

Envois à vue aux amateurs qui en font la demande.

MONNAIES ROMAINES

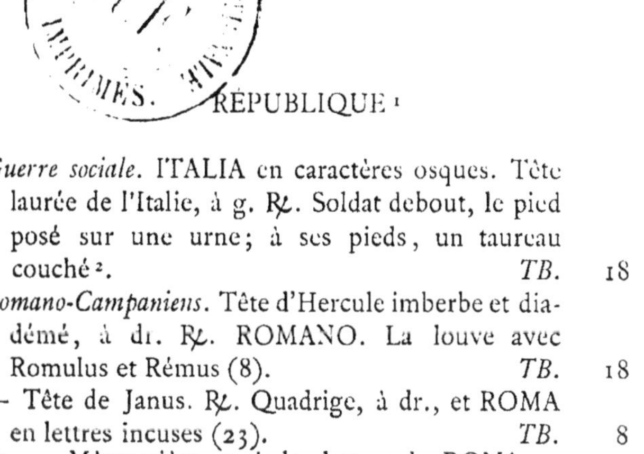

RÉPUBLIQUE [1]

1 *Guerre sociale.* ITALIA en caractères osques. Tête
laurée de l'Italie, à g. R̷. Soldat debout, le pied
posé sur une urne; à ses pieds, un taureau
couché[2].   *TB.*   18 »

2 *Romano-Campaniens.* Tête d'Hercule imberbe et diadémé, à di. R̷. ROMANO. La louve avec
Romulus et Rémus (8).   *TB.*   18 »

3 — Tête de Janus. R̷. Quadrige, à dr., et ROMA
en lettres incuses (23).   *TB.*   8 »

3 *bis.* — Même pièce, mais les lettres de ROMA en
relief (24).   *TB.*   12 »

4 — Même pièce, mais le quadrige tourné à g. (25).
Quinaire.   *B.*   10 »

5 — Tête de Mars, à dr. R̷. ROMA. Protome de
cheval, à dr. (34).   *TB.*   15 »

6 — Tête d'Apollon, à dr. R̷. ROMA. Cheval bridé,
galopant à g. (39). Br.   *B.*   5 »

7 — Tête de Mercure, à g., et proue (55). Br. Sextans.
    AB.   3 »

8 *Indéterminé.* Tête de Mercure, à dr. R̷. ROMA.
Proue (18). Br. Sextans.   *B.*   4 »

---

1. Les numéros placés entre parenthèses se rapportent à Babelon, *Description
des monnaies de la République romaine.*

2. Toutes les pièces sont en argent, sauf indication contraire.

9 — Tête de Rome, à g., et proue (19). Br. Once.
Patine verte. *B.* 4 »

10 — Tête de Rome, à dr., et les dioscures à cheval
galopant à dr. (20). *TB.* 4 » *B.* 2 50

11 — Mêmes types (33). Quinaire. *B.* 4 »

12 — Mêmes types (4). Sesterce. *B.* 3 »

13 — Tête de Jupiter, à dr. R⃫. Victoire couronnant
un trophée (8, 24 et 36). Victoriat. *B.* à 2 »

14 — Tête de Rome, à dr., et proue (45). Br. Once.
B. 1 »

15 — Tête de Jupiter, à dr., et proue. (50). Br.
Semis. *B.* 1 50

16 — Tête de Rome, à dr., et proue (51). Br. Triens.
B. 1 50

17 — Tête de Mercure et proue (53). Br. Sextans. *B.* 2 »

18 — Tête de Rome, à dr. R⃫. La déesse Rome
assise, à dr., à côté de la louve (176). *B.* 3 »

19 — Tête d'Apollon, à dr. R⃫. Jupiter dans un quadrige, à dr. (226). *B.* 1 25

20 — Même avers. R⃫. La Victoire couronnant un
trophée (227). Sesterce et demi. *B.* 1 50

21 *Aburia*. Tête de Rome, à dr. R⃫. Quadrige (1 et 6).
TB. 2 » *B.* 1 50

22 *Accoleia*. Buste d'Acca Larentia, à dr. R⃫. Trois
statues (1). *B.* 2 »

23 *Acilia*. Tête de la Santé, à dr. R⃫. La Santé debout,
à g., appuyée sur une colonne (8). *B.* 2 »

24 *Aelia*. Tête de Rome, à dr. R⃫. Les Dioscures à
cheval, à dr. (3). Æ. *B.* 2 »

25 — Tête de Diane, à dr. R⃫. Bige, à dr. (4). *B.* 2. »

26 — Deux mains jointes tenant un caducée. R⃫. S.C.
(8). P. Br. *TB.* 1 50

27 — Simpulum et lituus. R⃫. S.C. (9). P. Br. *B.* 1 »

28 *Aemilia*. Buste de Rome, à dr. R⃫. Statue équestre
(7). *B.* 2 »

29 — Le roi Aretas à genoux tenant un chameau.
R⃫. Quadrige, à g. (8 et 9). *TB.* 3 50 *B.* 2 50

30 — Tête de la Concorde, à dr. R⁄. Personnages
    debout à côté d'un trophée (10).   B.   2   »

31 *Afrania.* Tête de Rome, à dr. R⁄. Bige, à dr. (1).
                                      TB.   3 50

32 *Annia.* Types du nº 26 (6). P. Br.   B.   1   »

33 *Antestia.* Tête de Rome, à dr. R⁄. Quadrige, à dr.
    (9).   B.   1 50

34 *Antonia.* Tête de Jupiter, à dr. R⁄. Quadrige, à dr.
    (1).   B.   1 25

35 — Buste de Fulvie, à dr. R⁄. Lion marchant à dr.
    (32). Quinaire.   TB. 10 » AB.   1 50

36 — Tête de Marc-Antoine, à dr. R⁄. Temple (34).
                                      AB.   2   »

37 — Légions II, III, VI, VII, VIII, XI, XII, XV, XVI
    et XX.   Selon la conservation. 1 à 3 »

38 *Appuleia.* Tête de Rome, à g. R⁄. Quadrige, à dr.
    (1).   TB. 2 50 B.   1 50

39 — Quadrige de Saturne au droit et au revers
    (3-50 fr.).   TB.   30   »

40 *Aquillia.* Tête du soleil, à dr. R⁄. Bige, à dr. (1).
                                      B.   2   »

41 — Buste de la Valeur, à dr. R⁄. Aquillius relevant
    la Sicile (3).   B.   3   »

42 *Atilia.* Tête de Rome, à dr. R⁄. La Victoire dans
    un bige, à dr. (1).   TB.   3 50

43 — Tête de Rome, à dr. R⁄. L·ATILI·NOM. Vic-
    toire dans un bige, à dr. (16-50 fr.).   B.   20   »

44 *Aurelia.* Tête de Vulcain, à dr. R⁄. Aigle sur un
    foudre (21).   B.   3   »

45 *Axia.* Tête de Mars, à dr. R⁄. Diane dans un bige,
    à dr. (2-30 fr.).   B.   15   »

46 *Baebia.* Tête de Rome, à g. R⁄. Quadrige, à dr.
    (12).   B.   2   »

47 *Barbatia.* Tête de Marc-Antoine, à dr. R⁄. Tête
    d'Octave, à dr. (2).   AB. 5 » FDC.   25   »

48 *Caecilia.* Tête de Rome, à dr., avec le casque sur-
    monté d'une tête d'aigle. R⁄. Bige d'éléphants,
    à g. (14).   B.   3   »

49 — Tête de Rome, à dr. R⁄. Bouclier (28). B. 3 »

50 — Tête de la Piété, à dr. R⁄. Eléphant, à g. (43). B. 3 50

51 — Même avers. R⁄. Lituus et praefericulum (44). B. 2 50

52 *Calpurnia*. Tête d'Apollon, à dr. R⁄. Cavalier au galop, à dr. (11). Plusieurs variétés. B. à 2 »

53 — Variété de la pièce précédente avec ROMA à l'exergue (12). B. 4 »

54 — Variété du n° 52 (24). TB. 4 »

55 — Même avers. R⁄. Victoire debout, à dr. (13). Quinaire. B. 3 »

56 *Carisia*. Buste de la Victoire. R⁄. Bige, à dr. (2). B. 2 50

57 — Même avers. R⁄. Quadrige, à dr. (3). B. 3 »

58 — Tête de Rome, à dr. R⁄. Sceptre, globe, corne d'abondance et gouvernail (5). AB. 2 »

59 *Cassia*. Tête de Cérès, à g. R⁄. Deux bœufs attelés, à g. (4). B. 2 50

60 — Tête de Liber, à dr. R⁄. Tête de Libera, à g. (6). B. 3 »

61 — Tête de *Bonus Eventus*, à dr. R⁄. Aigle sur un foudre (7). B. 3 50

62 — Tête de la Liberté, à dr. R⁄. Temple de Vesta (8). B. 4 »

63 — Tête de Vesta, à dr. Revers précédent (9). B. 3 50

64 — Tête de Vesta, à g. R⁄. Citoyen romain déposant son vote (10). TB. 3 »

65 — Tête voilée de la Liberté, à dr. R⁄. Praefericulum et lituus (18). TB. 5 »

66 *Cipia*. Tête de Rome, à dr. R⁄. Bige, à dr. (1). B. 2 »

67 *Claudia*. Tête de Rome, à dr. R⁄. Bige, à dr. (1). B. 1 50

68 — Tête du consul Marcellus, à dr. R⁄. Temple de Jupiter Feretrius (11). B. 6 »

69 — Tête d'Apollon, à dr. R⁄. Diane Lucifera debout, de face (15). B. 3 »

70 — Deux mains jointes tenant un caducée. R⁄. S.C. (25). P. Br.   *B.*   1   »

71 — Simpulum et lituus. Revers précédent (26). P. Br.   *B.*   1   »

72 — Corne d'abondance. R⁄. Enclume (27). P. Br.   *B.*   1   »

73 *Cloulia.* Tête de Rome, à dr. R⁄. Bige, à dr. (1). *B.*   3   50

74 *Clovia.* Tête de Janus. R⁄. Proue (6). Br. As. *B.*   1   50

75 — Tête de Rome, à dr. R⁄. Proue (8). Br. Triens.   *AB.*   1   »

76 — Tête d'Hercule, à dr. R⁄. Proue (9). Br. Quadrans.   *B.*   2   »

77 — Tête de Mercure, à dr. R⁄. Proue (10). Br. Sextans.   *B.*   2   »

78 — Buste de la Victoire, à dr. R⁄. Pallas marchant à g. M. Br.   *B.*   3   »

79 *Coelia.* Tête du consul Coelius Caldus, à dr. R⁄. Tête du Soleil, à dr. (4).   *AB.* 3 » *B.*   6   »

80 — Tête du consul Coelius Caldus, à dr. R⁄. *Lectisternium* (9 et 12).   *AB.* 3 » *B.*   7   »

81 *Considia.* Tête de Vénus, à dr. R⁄. Temple au sommet d'une montagne entourée d'un rempart (1).   *AB.*   3   »

82 — Tête d'Apollon, à dr. R⁄. Chaise curule (2). *B.*   1   50

83 *Coponia.* Tête d'Apollon, à dr. R⁄. Massue d'Hercule recouverte d'une peau de lion (1).   *TB.*   5   »

84 *Cordia.* Têtes des Dioscures, à dr. R⁄. Vénus debout, à g. (1).   *B.*   2   »

85 — Tête diadémée de Vénus, à dr. R⁄. Cupidon sur un dauphin (3).   *B.*   3   50

86 *Cornelia.* Tête de Rome, à dr. R⁄. Bige, à dr. (1).   *TB.*   3   »

87 — Tête de Scipion l'Africain, à dr. R⁄. Jupiter debout entre Junon et Pallas (19).   *B.*   2   50

88 — Tête de Saturne, à g. R⁄. Quadrige, à dr. (24).   *TB.*   2   »

89 — Buste d'Hercule, à dr. Revers incuse (25). *B.*   1   50

90 — Chaise curule à l'avers et au revers (49).
AB. 2 .» TB. 6 »

91 — Tête de Mars, à dr. R∠. Bige, à dr. (50). B. 1 50

92 — Tête de Jupiter, à dr. R∠. Victoire couronnant un trophée (51). Quinaire. B. 2 50

93 — Buste du Génie du peuple romain, à dr. R∠. Globe terrestre entre un gouvernail, un sceptre et une couronne (54). B. 2 50

94 — Variété de la pièce précédente (55). B. 3 »

95 — Buste de Vénus, à dr. R∠. Trois trophées (63). B. 4 »

96 — Enclume et S.C. (82). P. Br. B. 1 50

97 *Crepusia.* Tête d'Apollon, à dr. R∠. Cavalier, à dr. (1). B. 1 50

98 *Curiatia.* Tête de Rome, à dr. R∠. Quadrige, à dr. (1). TB. 4 » B. 3 »

99 *Curtia.* Mêmes types (2). B. 1 25

100 *Domitia.* Tête de Rome, à dr. R∠. Les Dioscures à cheval, à dr. (1). B. 5 »

101 — Tête de Rome, à dr. R∠. Bige, à dr. (17). B. 1 50

102 *Egnatuleia.* Tête d'Apollon, à dr. R∠. Victoire et trophée (1). Quinaire. B. 2 »

103 *Fabia.* Tête de Rome, à dr. R∠. Quadrige, à dr. (1). B. 1 50

104 — Tête de Rome, à dr. R∠. Corne d'abondance et foudre en sautoir. (5). B. 2 »

105 — Tête d'Apollon, à dr. Revers précédent (6). B. 4 »

105 *bis.* — *Fannia.* Tête de Rome et quadrige (1). B. 2 »

106 *Flaminia.* Tête de Rome, à dr. R∠. Bige, à dr. (1). B. 1 25

107 — Tête diadémée de Vénus, à dr. R∠. La Victoire dans un bige, à dr. (2). B. 16 »

108 *Fonteia.* Tête laurée et bifrons de Fontus. R∠. Galère (1). B. 2 50

109 — Tête des Dioscures, à dr. R∠. Galère (7). B. 2 »

110 — Tête d'Apollon, à dr. R∠. La chèvre Amalthée, à dr., surmontée des bonnets des Dioscures (9). B. 1 50

111 — Variété avec C.F. devant la tête (10). B. 1 50

112 — Variété avec les bonnets de chaque côté de la
    chèvre (11).   *B.*   1 50

113 — Buste de Mars, à dr. ℞. Cavalier galopant à
    dr. (17).   *B.*   3 50

114 *Fulvia.* Tête de Rome, à dr. ℞. Bige, à dr. (1). *B.*   2 »

115 *Fundania.* Tête de Rome, à dr. ℞. Quadrige, à
    dr. (1).   *B.*   3 50

116 — Tête de Jupiter, à dr. ℞. Victoire couronnant
    un trophée (2). Quinaire.   *AB.*   1 50

117 *Furia.* Tête de Janus. ℞. Rome couronnant un
    trophée (18).   *B.*   1 75

118 — Tête de Cybèle, à dr. ℞. Chaise curule (19).
                               B.   2 50

119 — Tête de Cérès, à dr. ℞. Chaise curule (23).
                TB. 4 » *B.*   2 »

120 *Gellia.* Tête de Rome, dans une couronne de lau-
    rier. ℞. Quadrige, à dr. (1).   *B.*   2 50

121 *Herennia.* Tête de la Piété, à dr. ℞. Amphinomus
    portant son père (1).   *B.*   1 75

122 *Hirtia.* Tête de la Piété sous les traits de Jules
    César, à dr. ℞. Instruments de sacrifice (2).
    Or.   *B.*   48 »

123 *Hosidia.* Buste de Diane, à dr. ℞. Sanglier de
    Calydon (1).   *TB.*   3 50

124 *Hostilia.* Tête de Pallor, à dr. ℞. Bige, à dr. (2).
                               B.   4 »

125 — Tête de Pavor, à dr. ℞. Diane d'Ephèse debout
    (4).   *B.*   4 »

126 *Julia.* Tête de Rome, à dr. ℞. Les Dioscures à
    cheval, à dr. (1).   *B.*   2 »

127 — Tête de Rome, à dr. ℞. Victoire dans un bige,
    à dr. (3).   *TB.*   3 »

128 — Tête de Mars, à g. ℞. Vénus dans un char
    traîné par deux amours (4).   *B.*   1 75

129 — Tête d'Apollon, à dr. ℞. Victoire dans un qua-
    drige, à dr. (5). Plusieurs variétés.   *B.* à   1 25

130 — Eléphant, à dr. ℞. Les attributs pontificaux
    (9).   *B.*   1 50

131 — Tête de Vénus, à dr. R⁄. Enée emportant son
père (10).   *TB.* 2 50 *B.*   1 75

132 — Tête de Vénus, à dr. R⁄. Trophée entre la
Gaule et Vercingétorix assis (11).   *B.*   2 »

133 — Tête de Cérès, à dr. R⁄. Instruments de sacrifice (16).   *TB.* 3 50 *B.*   2 50

134 — Buste de Mars, à dr. R⁄. Aigle légionnaire
entre deux enseignes (67).   *B.*   6 »

135 — Tête d'Octave, à g. R⁄. Victoire debout, à g.,
sur un globe (110).   *B.*   4 »

136 — Tête barbue d'Octave, à dr. R⁄. Temple (139).
                            B.   7 »

137 — Tête d'Octave, à dr. R⁄. Victoire debout, à
g., sur la ciste mystique (145). Quinaire. *B.*   3 »

138 — Tête laurée d'Octave, à dr. R⁄. Octave assis,
à g. (155).   *B.*   7 »

139 — Tête d'Apollon, à dr. R⁄. Pontife conduisant
deux bœufs, à dr. (156).   *B.*   7 »

140 — Tête d'Octave, à dr. R⁄. Trophée naval (158).
                            TB.   10 »

141 — Tête d'Octave, à dr. R⁄. Temple (161). *TB.*   12 »

142 — Tête d'Octave, à dr., R⁄. Arc de triomphe
surmonté d'un quadrige (162).   *TB.*   13 »

143 — Tête d'Octave, à dr. R⁄. Statue d'Octave
(163).   *AB.*   3 »

144 — Tête de Mars, à dr. R⁄. Bouclier (164).   *B.*   12 »

145 — Bustes accolés, à dr. R⁄. Autel (233).   *AB.*   6 »

146 — Tête d'Octave, à dr. R⁄. Instruments de sacrifice (240).   *TB.*   15 »

147 — Tête laurée d'Octave, à dr. R⁄. Comète (264).
                            B.   3 »

148 — Enclume. R⁄. S.C. (352 et 354). P. Br.   *B.* à   1 »

149 *Junia.* Tête de Rome, à dr. R⁄. Les Dioscures à
cheval, à dr. (8).   *B.*   2 »

150 — Tête de Rome, à dr. R⁄. Bige, à dr. (15). *B.*   1 50

151 — Tête de la Piété, à dr. R⁄. Deux mains jointes
tenant un caducée (25).   *B.*   4 »

152 — Tête de Brutus l'Ancien. R¿. Tête de Servilius
    Athala (30).   *TB.* 5 » *B.*   3 50

153 — Tête de la Liberté, à dr. R¿. Brutus et les lic-
    teurs (31).   *TB.* 3 » *B.*   1 50

154 *Licinia.* Buste de Rome, à g. R¿. Trois citoyens
    dans l'enceinte des comices (7).   *B.*   4 »

155 — Buste d'Apollon Véjovis, à g. R¿. Quadrige, à
    dr. (16).   *B.*   1 50

156 — Tête de la Bonne Foi, à dr. R¿. Cavalier, à dr.,
    traînant un barbare (24).   *TB.* 5 » *B.*   3 »

157 — Légende dans une couronne et S.C. (32).
    M. Br.   *B.*   3 »

158 *Lucilia.* Tête de Rome, à dr., dans une couronne.
    R¿. Bige, à dr. (1).   *B.*   2 »

159 *Lucretia.* Tête de Rome, à dr. R¿. Les Dioscures à
    cheval, à dr. (1).   *B.*   1 50

160 — Tête du soleil, à dr. R¿. Croissant entouré de
    sept étoiles (2).   *B.*   4 »

161 — Tête de Neptune, à dr. R¿. Cupidon sur un
    dauphin (3).   *TB.*   4 50

162 *Lutatia.* Tête de Rome, à dr. R¿. Galère (2). *B.*   3 »

163 *Maiana.* Tête de Rome, à dr. R¿. Bige, à dr. (1).
                      B.   4 »

164 *Mallia.* Tête de Rome, à dr. R¿. Bige, à dr. (1 et
    2).   *B.* à 1 30

165 *Manlia.* Tête de Rome, à dr. R¿. Quadrige, à dr.
    (4).   *B.*   2 »

166 *Marcia.* Tête de Rome, à dr. R¿. Les Dioscures à
    cheval, à dr. (1).   *B.*   2 »

167 — Tête de Rome, à dr. R¿. Bige, à dr.; dessous,
    deux épis (8).   *B.*   2 50

168 — Tête de Philippe V de Macédoine. R¿. Statue
    équestre (12).   *TB.*   3 50

169 — Tête d'Apollon, à dr. R¿. Le satyre Marsyas
    debout devant une colonne (24).   *B.*   1 25

170 — Tête du roi Ancus Marcius, à dr. R¿. Statue
    équestre, à dr. (28).   *TB.* 4 » *B.*   3 »

171 *Memmia.* Tête couronnée, à dr. R⃫. Les Dioscures debout tenant leurs chevaux (1).   B.   2 »

172 — Tête de Saturne, à g. R⃫. Bige, à dr. (2).   *TB.* 2 » B.   1 50

173 *Minucia.* Tête de Rome, à dr. R⃫. Les Dioscures à cheval, à dr. (1).   B.   1 50

174 — Tête de Rome, à dr. R⃫. Colonne entre deux hommes (2).   B.   3 »

175 — Tête de Rome, à dr. R⃫. Quadrige, à dr. (15).   B.   2 »

176 — Tête de Rome, à g. R⃫. Deux combattants (19).   *TB.* 2 » B.   1 50

177 *Mussidia.* Tête voilée de la Concorde, à dr. R⃫. Deux personnages debout sur un vaisseau (6).   ·B.   3 »

178 *Naevia.* Tête de Vénus, à dr. R⃫. Bige, à dr. (6).   *TB.*   1 50

179 *Nonia.* Tête de Saturne, à dr. R⃫. Rome assise, à g., couronnée par la Victoire (1).   *TB.*   6 »

180 *Norbana.* Tête de Vénus, à dr. R⃫. Epi, faisceau de verges et caducée (2).   B.   1 25

181 *Opimia.* Tête de Rome, à dr. R⃫. Quadrige, à dr. (12).   B.   3 »

182 *Papia.* Tête de Junon Sospita, à dr. R⃫. Griffon courant à dr. (1).   *TB.* 2 » B.   1 50

183 *Papiria.* Tête de Rome, à dr. R⃫. Quadrige, à dr. (6 et 7).   B. à   1 50

184 *Pinaria.* Tête de Rome, à dr. R⃫. Bige, à dr. (1).   *TB.*   2 50

185 — Variété de la pièce précédente (2).   B.   2 »

186 *Plaetoria.* Buste de Cybèle, à dr. R⃫. Chaise curule (3).   *TB.*   5 »

187 — Buste de la déesse Vacuna, à dr. R⃫. Aigle éployé sur un foudre (4).   *TB.* 5 » B.   3 »

188 — Tête de Bonus Eventus, à dr. R⃫. Caducée ailé (5).   *AB.* 1 25 *TB.*   3 50

189 *Plancia.* Tête de Diane, à dr. R⃫. Bouquetin, à dr. (1).   *TB.*   5 »

190 *Plautia.* Tête de Leuconoé, à dr. ℞. Quadrige, à
g. (12). *TB.* 4 » *B.* 3 »

191 — Tête de Cybèle, à dr. ℞. Bacchus à genoux
tenant un chameau (13). *B.* 3 »

192 — Masque, de face. ℞. L'Aurore entre les quatre
chevaux du char du Soleil (14). *AB.* 1 25 *B.* 3 »

193 — OB CIVIS SERVATOS. Couronne de chêne.
℞. S.C. (19). G. Br. *B.* 4 »

194 *Poblicia.* Buste de Rome, à dr. ℞. Hercule étouffant le lion de Némée (9). *TB.* 3 » *B.* 1 50

195 *Pompeia.* Tête de Rome, à dr. ℞. La Louve (1).
B. 1 50

196 — Chaise curule à l'avers et au revers (5). *TB.* 5 »

197 — Le phare de Messine devant une galère. ℞. Le
monstre Scylla (22). *AB.* 8 » *B.* 25 »

198 *Pomponia.* Tête d'Apollon, à dr. ℞. Numa sacrifiant un bouc (6). *B.* 7 »

199 — Tête de Rome, à dr. ℞. Bige, à dr. (7). *TB.* 2 50

200 — Tête d'Apollon, à dr. ℞. Clio debout, à g.,
s'appuyant sur un cippe (11). *TB.* 7 »

201 — Même avers. ℞. Melpomène debout, à g.
(14). *TB.* 7 »

202 *Porcia.* Tête de Rome, à dr. ℞. Quadrige, à dr.
(3). *B.* 1 50

203 — Tête de Rome, à dr. ℞. Trois personnages
debout (4). *B.* 4 »

204 — Tête de la Liberté, à dr. ℞. Victoire assise, à
g. (6). *B.* 1 50

205 — Mêmes types (7). Quinaire. *AB.* 1 » *B.* 1 50

206 *Postumia.* Tête de Rome, à dr. ℞. Quadrige, à dr.
(1). *B.* 2 »

207 — Buste de Diane, à dr. ℞. Sacrificateur (7).
B. 3 »

208 — Tête de l'Espagne, à dr. ℞. Personnage
debout, à g., entre une aigle légionnaire et un
faisceau consulaire (8). *B.* 2 50

209 — Buste de Diane, à dr. ℞. Chien courant, à dr.
(9). *B.* 1 75

210 — Tête de la Piété, à dr. R⁄. Deux mains jointes
tenant un caducée (10).   *B.*   3   »
211 — Tête du consul Postumius, à dr. R⁄. Légende
dans une couronne (14).   *AB.*   3   »
212 *Procilia.* Tête de Jupiter, à dr. R⁄. Junon armé
debout, à dr. (1).   *TB.* 3 » *B.*   2   »
213 — Tête de Junon Sospita, à dr. R⁄. Bige, à dr.
(2).   *TB.*   2 50
214 *Quinctia.* Tête de Rome, à dr. R⁄. Les Dioscures
à cheval, à dr. (2).   *B.*   2 50
215 — Buste d'Hercule, à g. R⁄. Cavalier conduisant
deux chevaux, à g. (6).   *B.*   3 50
216 *Renia.* Tête de Rome, à dr. R⁄. Bige, à dr. (1). *B.*   1 50
217 *Roscia.* Tête de Junon, à dr. R⁄. Jeune fille nour-
rissant un serpent (1).   *TB.* 3 » *B.*   2   »
218 *Rubria.* Tête de Jupiter, à dr. R⁄. Quadrige, à dr.
(1).   *B.*   1 75
219 — Tête de Junon, à dr. R⁄. Même revers que
précédemment (2).   *B.*   2 50
220 — Tête de Neptune, à dr. R⁄. Victoire (4). Quinaire.   *B.*   3   »
221 *Rustia.* Tête de Mars, à dr. R⁄. Bélier debout, à
dr. (1).   *TB.* 3 » *B.*   2   »
222 *Rutilia.* Tête de Rome, à dr. R⁄. Bige, à dr. (1).
                                           B.   2   »
223 *Satriena.* Tête de Rome, à dr. R⁄. Louve marchant à g.   *AB.*   1 25
224 *Saufeia.* Tête de Rome, à dr. R⁄. Bige, à dr. (1).
                                           B.   1 50
225 *Scribonia.* Tête de Rome, à dr. R⁄. Les Dioscures
à cheval, à dr. (1).   *B.*   2 50
226 — Tête de Bonus Eventus, à dr. R⁄. Margelle du
puits Scribonien (8).   *B.*   2   »
227 *Sempronia.* Tête de Rome, à dr. R⁄. Les Dioscures
à cheval, à dr. (2).   *B.*   2   »
228 *Sentia.* Tête de Rome, à dr. R⁄. Quadrige, à dr.
(1).   *TB.*   2   »

229 *Sepullia*. Tête de Jules César, à dr. ℞. Vénus
debout, à g. (4).   *AB.*   3   »

230 *Sergia*. Tête de Rome, à dr. ℞. Cavalier galopant
à g., et tenant de la main gauche son épée et la
tête d'un Gaulois.   *B.*   1 50

231 *Servilia*. Tête de Rome, à dr. ℞. Les Dioscures à
cheval (1).   *B.*   1 50

232 — Buste de Pallas, à g. ℞. Bige, à dr. (14). *B.*   2   »

233 — Tête de Flore, à dr. ℞. Deux guerriers debout
en face l'un de l'autre (15).   *B.*   3   »

234 *Sulpicia*. Têtes accolées des dieux Pénates, à g.
℞. Deux guerriers tenant une truie (1).   *B.*   2   »

235 — Tête de Vesta, à dr. ℞. Couteau, simpulum et
hache (7).   *B.*   3 50

236 *Thoria*. Tête de Junon, à dr. ℞. Taureau courant
à dr.   *TB.*   1 75

237 *Titia*. Tête du dieu Mutinus Titinus, à dr. ℞. Pégase, à dr. (1).   *B.*   1 75

238 — Tête de Bacchus, à dr. ℞. Pégase, à dr. (2).
                                      B.   1 50

239 *Tituria*. Tête du roi sabin Tatius, à dr. ℞. Deux
guerriers enlevant deux Sabines (1 et 2). *B.* à   1 50

240 — Même avers. ℞. Tarpeia entre deux guerriers
(4 et 5).   *B.* à   1 50

241 *Tullia*. Tête de Rome, à dr. ℞. Quadrige, à dr. *B.*   1 50

242 *Valeria*. Tête de Rome, à dr. ℞. Bige, à dr. (7 et
8).   *B.* à   2   »

243 — Buste de la Victoire, à dr. ℞. Mars debout, à
g. (11).   *B.*   2 50

244 — Tête d'Apollon Soranus, à dr. ℞. Valeria
Luperca assise sur une génisse marchant à dr.
(16).   *B.*   5   »

245 *Vargunteia*. Tête de Rome, à dr. ℞. Quadrige, à
dr. (1).   *B.*   2   »

246 *Vettia*. Tête de Jupiter, à dr. ℞. Victoire couronnant un trophée (1). Quinaire.   *B.*   2   »

247 *Veturia*. Buste de Mars, à dr. ℞. Personnage

accroupi et tenant un porc, entre deux guerriers
debout (1).	*B.*	2	»

248 *Vibia.* Tête d'Apollon, à dr. R⁄. Quadrige, à dr.
(1).	*B.*	1 50

249 — Variété de la pièce précédente (2).	*B.*	1 25

250 — Tête de Bacchus, à dr. R⁄. Cérès marchant à
dr. (16).	*B.*	1 50

251 — Masque de Pan, à dr. R⁄. Jupiter Axur assis
sur un trône (18).	*B.*	2 50

252 — Tête de la Liberté, à dr. R⁄. Rome assise, à dr.,
sur des boucliers (20).	*B.*	6 »

253 — Masque de Pan, à dr. R⁄. Deux mains jointes
tenant un caducée (22).	*TB.*	10 »

254 *Vipsania.* Tête d'Agrippa, à g. R⁄. Neptune debout,
à g. (8). M. Br.	*B.*	2 »

255 *Volteia.* Tête d'Hercule, à dr. R⁄. Le sanglier
d'Erymanthe courant à dr. (2).	*B.*	2 »

256 — Tête de Liber, à dr. R⁄. Cérès dans un char
traîné par deux dragons, à dr. (3).	*B.*	3 »

IMPÉRIALES [1]

257 *Pompée.* Anapus et Amphinome portant leurs
parents sur leurs épaules ; entre eux, Neptune
debout (17).	*AB.*	6 »

258 *Jules César.* Tête voilée de la Piété sous les traits
de Jules César. R⁄. Bâton d'augure, vase à sacri-
fice et hache (3). Or.	*B.*	48 »

259 — Sa tête laurée, à dr. ; derrière, le bâton d'augure et le simpule. R⁄. M.METTIVS. Vénus
Nicéphore debout, à g. (34).	*B.*	10 »

260 — Sa tête laurée, à dr., entre une branche de
laurier et un caducée. R⁄. L.LIVINEIVS REGV-
LVS. Taureau courant à dr. (27).	*B.*	8 »

261 — Eléphant marchant à dr. R⁄. Simpule, aspersoir,
hache et bonnet de flamine (49).	*B.*	1 50

---

1. Cohen, *Description des monnaies frappées sous l'Empire romain*, **2ᵉ** édition.

262 *Jules César et Marc-Antoine*. Tête laurée de Jules César, à dr. ℞. Tête nue de Marc-Antoine, à dr. (3).   *B.*   10   »

263 *Jules César et Octave*. Tête laurée de Jules César, à dr. ℞. Tête nue d'Octave, à dr. (3).   *AB.*   2 50

263 *bis. Sexte Pompée*. Voir nº 197.

264 *Lépide*. CABE. Tête de Cabellio, à dr. ℞. LEPI. Corne d'abondance (480 fr.). Obole.   *B.*   25   »

265 *Lépide et Octave*. Tête nue de Lépide, à dr. ℞. Tête nue d'Octave, à dr. (2). Pièce contremarquée. *B.*   25   »

266 *Marc-Antoine*. Tête de Marc-Antoine, à dr. ℞. La Fortune debout, à g. (4).   *B.*   9   »

266 *bis.* — Aigle légionnaire (7).   *B.*   4   »

267 *Marc-Antoine et Octave*. Leurs têtes (8). *B.* 15 » *TB.*   22   » .

268 *Marc-Antoine et Octavie*. Tête de Marc-Antoine, à dr., dans une couronne. ℞. III.VIR.R.P.C. Buste d'Octavie, à dr., sur la ciste mystique entourée de deux serpents (2). Médaillon.   *B.*   35   »

269 *Marc-Antoine et Cléopâtre*. Tête de Marc-Antoine, à dr. ℞. Buste de Cléopâtre, à dr. *AB.* 15 » *B.*   25   »

270 *Lucius-Antoine et Marc-Antoine*. Leurs têtes (2).   *AB.*   15   »

271 *Octave-Auguste*. Sa tête laurée, à dr. ℞. C.L. CAESARES.AVGVSTI.F., etc. Caïus et Lucius debout, tenant chacun un bouclier et une haste (42). Or.   *B.*   40   »

272 — Sa tête nue, à dr. ℞. ASIA RECEPTA. Victoire debout sur la ciste mystique (14). Quinaire.   *B.*   4   »

273 — Sa tête laurée, à dr. ℞. Aigle éployé, de face (29). P. Br.   *B.*   2 50

274 — Sa tête nue, à dr. ℞. AVGVSTVS. Six épis en faisceau (32). Médaillon.   *TB.*   35   »

275 — Caïus César galopant à dr. (40).   *B.*   4   »

276 — Mêmes types qu'au nº 271 (43). *TB.* 3 » *B.*   2   »

277 — Manteau impérial et quadrige (78).   *AB.*   2   »

278 — Sa tête nue, à dr. ℞. Arc de triomphe surmonté d'un quadrige (84).   *B.*   12   »

279 — Sa tête radiée, à g. ℞. L'empereur assis, à g.
(87). M. Br.   *B.*   3   »

280 — Sa tête radiée, à g. ℞. Livie assise, à g. (93).
M. Br.   *B.* **2** » *TB.*   5   »

281 — Sa tête nue, à dr. ℞. Simpule, aspersoir, vase
et bâton d'augure (91).   *B.*   6   »

282 — Tête nue d'Octave, à dr. ℞. DIVOS IVLIVS
dans une couronne de laurier (95). M. Br. *B.*   6   »

283 — Sa tête laurée, à g. ℞. Comète (97).   *TB.*   3   »

284 — Sa tête laurée, à dr. ℞. Comète (98).   *B.*   2 50

285 — Sa tête laurée, à dr. ℞. Autel (104).   *B.*   6   »

286 — Sa tête nue, à dr. ℞. Octave en Terme sur
un foudre (114).   *B.*   7   »

287 — Char et Victoire (115).   *TB.*   9   »

288 — Sa tête laurée, à dr. ℞. Diane chasseresse, à
dr. (172).   *TB.*   10   »

289 — Sa tête laurée, à dr. ℞. Germain présentant
un enfant à l'empereur assis sur une estrade
(175).   *B.*   10   »

290 — Sa tête nue, à dr. ℞. MART.VLTO. Temple
rond (202). Médaillon.   *B.*   30   »

290 *bis.* Sa tête, à g. ℞. MARTIS VLTORIS. Mars
debout dans un temple (205). Joli relief. *TB.*   30   »

291 — Sa tête nue, à dr. ℞. Légende et couronne
(208 et 210).   *B.* à   6   »

292 — Sa tête nue, à dr. ℞. Statue équestre, à g.
(227).   *AB.*   5   »

293 — Sa tête radiée, à g. ℞. PROVIDENT.S.C.
Autel (228). M. Br.   *B.*   4   »

294 Sa tête laurée, à dr. ℞. Autel de Lyon (237 et
240). M. Br.   *B.* à   1   »

295 — Sa tête radiée, à g. ℞. Livie assise, à dr. (244).
M. Br.   *B.*   3   »

296 — Sa tête radiée, à g. ℞. Aigle éployé sur un
globe (247). M. Br.   *B.*   2   »

297 — Sa tête radiée, à g. ℞. Foudre ailé (249).
M. Br.   *B.*   2 50

298 — Sa tête radiée, à g. R⁄. S.C. dans une couronne (252). M. Br.   TB.   4   »
299 — Tête nue, à dr. R⁄. Mars debout, à g. (259). B.   3   50
300 — Sa tête nue, à dr. R⁄. Bouclier (265).   B.   5   »
301 — Sa tête nue, à g. R⁄. Bouclier (267).   B.   4   »
302 — Sa tête laurée, à dr. R⁄. Quadrige, à dr. (272).
                                                   B.   3   50
303 — Sa tête laurée, à dr. R⁄. Quadrige, à dr. (300).
                                                   B.   5   »
304 — Bouclier soutenu par deux capricornes.
     R⁄. S.C. (303). G. Br.   B.   12   »
305 — Sa tête nue, à dr. R⁄. Victoire debout, à g.,
     sur une proue (328 fr. 60). Quinaire.   B.   20   »
305 bis. — Victoire debout, à dr., couronnant un tro-
     phée (387). Quinaire.   B.   3   »
306 — Sa tête radiée, à g. R⁄. Aigle sur un globe.
     Restitution de Titus (552). M. Br.   AB.   3   »
307 — Sa tête radiée, à g. R⁄. Aigle sur un foudre.
     Restitution de Titus (554). M. Br.   B.   5   »
308 — Sa tête radiée, à g. R⁄. Autel. Restitution de
     Titus (559). M. Br.   TB.   6   »
309 — Sa tête radiée, à g. R⁄. Aigle sur un globe.
     Restitution de Domitien (562). M. Br.   B.   5   »
310 — Julia Traducta et Segobriga (623, 625 et
     725). M. Br. et P. Br.   B. à 1   50
311 — Antioche. (Syrie). Sa tête laurée, à dr.
     R⁄. Femme assise, à dr., sur un rocher, tenant
     une palme ; à ses pieds, l'Oronte se baignant.
     Médaillon.   B.   12   »
312 — avec Rhémetalce. Thrace. M. Br.   TB.   6   »
313 Livie. Corinthe (20). P. Br.   B.   4   »
314 Agrippa. Sa tête laurée, à g. R⁄. Neptune debout,
     à g. (3). M. Br.   TB. 4 » B.   2   »
315 Agrippa et Auguste. Nîmes. (7). M. Br.   B.   2   »
316 Caius et Lucius Césars. Tarraco. (2 var.). P. Br. B. 3   50
317 Caius et Lucius Césars, au revers d'Auguste. Corinthe
     (3). M. Br.   AB.   1   »
318 — Tarraco (2). M. Br.   B.   4   »

319 *Tibère*. Sa tête laurée, à dr. R⫣. PONTIF.MAXIM.
Livie assise, à dr. (15). Or.   *B.* 55 »

320 — La même pièce (16).   *B.* 2 »

321 — Sa tête nue, à dr. R⫣. Livie assise, à dr. (17).
M. Br.   *B.* 2 »

322 — Autel de LYON (37). M. Br.   *B.* 1 50

323 — ABDÈRE (86). M. Br.   *B.* 6 »

324 — ACCI (92). G. Br.   *AB.* 5 »

325 — CALAGURRIS. M. Br.   *B.* 1 »

326 — CASCANTUM (121). M. Br.   *B.* 1 50

327 — GRACCURRIS (138). M. Br.   *B.* 2 »

328 — ILICI (141 et 142). M. Br. et P. Br.   *B.* à 3 »

329 — SEGOBRIGA (163). M. Br.   *B.* 4 »

330 — ANTIOCHE (Syrie). Sa tête laurée, à dr. R⫣.
S.C. dans une couronne (197). M. Br.   *B.* 2 50

331 *Drusus et Tibère*. Sa tête nue, à g. R⫣. Tête laurée
de Tibère, à dr. (1 var.).   *AB.* 30 »

332 *Néron Drusus*. Sa tête laurée, à g. R⫣. DE GER-
MANIS. Drapeau au milieu de deux boucliers
(5). Or.   *TB.* 100 »

333 *Antonia*. Son buste, à dr. R⫣. Cérès debout, de
face (2).   *AB.* 28 »

334 *Germanicus*. Sa tête nue, à g. R⫣. S.C. (1 et 4).
M. Br.   *TB.* 5 » *B.* 3 »

335 *Germanicus et Drusus*. CARTEIA (1). P. Br.   *B.* 2 50

336 *Néron et Drusus au revers de Tibère*. CARTHAGÈNE
(4). M. Br.   *B.* 2 »

337 *Caligula*. Sa tête laurée, à g. R⫣. S.P Q.R.P.P.
OB.CIVES.SERVATOS dans une couronne
(24). G. Br. Patine verte.   *B.* 18 »

338 — Sa tête nue, à g. R⫣. Vesta assise, à g. (27).
M. Br.   *B.* 4 »

339 — Minorque (Heiss XLIV, 24). P. Br.   *Usé.* 20 »

340 *Caligula et Tibère*. CARTHAGÈNE. M. Br.   *B.* 3 »

341 *Claude I*. Cérès assise, à g. (1). M. Br.   *B.* 4 »

342 — Pallas debout, à g. (14). M. Br. 2 var.   *B.* à 3 »

343 — Légende dans une couronne (39). G. Br.   *B.* 4 »

344 — Camp prétorien (44).   *B.* 15 »

345 — S.C. R⁄. Une main tenant une balance (71).
P. Br. *TB.* 2 »

346 — Modius R⁄. S.C. (72). P. Br. *B.* 1 »

347 — Pallas debout, à dr. (84). M. Br. *B.* 2 »

348 *Agrippine et Claude.* Buste d'Agrippine, à dr.
R⁄. Tête de Claude, à dr. (4). *B.* 15 »

349 *Néron.* Table des jeux (61). P. Br. *TB.* 3 »

350 — DECVRSIO S.C. Néron à cheval suivi d'un
cavalier. *TB.* 25 » *AB.* 3 »

351 — Autel (27). — Le Génie debout, à g. (100).
M. Br. *B.* à 1 50

352 — Tête, à dr. R⁄. Temple de Janus fermé, avec
la porte à dr. (146). G. Br. *B.* 10 »

353 — Même type (132). M. Br. *B.* 2 »

354 — Même type (171). M. Br. Belle patine verte.
TB. 15 »

355 — Même type avec la tête, à g. (175). M. Br. *AB.* 2 »

356 — Rome assise, à g. (261). G. Br. *TB.* 20 »

357 — La même pièce, moins belle. 4 »

358 — Victoire volant à g. (292). M. Br. contremar-
qué de S P Q. *B.* 3 »

359 — Sa tête laurée, à g. R⁄. S.C. Arc de triomphe
(306 et 307). G. Br. *TB.* 30 » *B.* 10 »

360 — La Santé assise, à g. (314). *AB.* 1 75

361 — Même type (317). Or. *B.* 50 »

362 — La Sécurité assise, à dr. (324). M. Br. *B.* 2 50

363 — La Victoire marchant à g. (349). M. Br. Belle
patine foncée. *B.* 5 »

364 — ANTIOCHE. Aigle éployé, à g., sur un foudre.
Médaillon. *AB.* 4 »

365 — ALEXANDRIE. Plusieurs variétés. Potin. *B.* à 3 »

366 — PATRAS. Sa tête laurée, à dr. R⁄. ADVENTVS
AVGVSTI.C.P. Galère, à g. (405 var.). M. Br.
Très belle patine verte. *TB.* 30 »

367 *Néron et Auguste.* ALEXANDRIE. Potin. *B.* 4 »

368 *Galba.* Livie debout, à g. (55). *B.* 6 »

369 — Rome assise, à g. (168). G. Br. Belle patine
verte. *B.* 12 »

370 Rome debout, à g. (193). G. Br. *B.* 10 »
371 — Aigle romaine entre deux enseignes et des
proues (267). M. Br. *B.* 4 »
372 — Victoire debout, à g., sur un globe (318). Quinaire. *B.* 12 »
373 *Othon.* La Sécurité debout, à g. (15). *B.* 8 »
374 *Vitellius.* Son buste lauré, à dr. R⧸. PAX.
AVGVSTI S.C. La Paix debout, à g. (67). *B.* 80 »
374 *bis.* — La Clémence assise, à g. (8-50 fr.). *AB.* 8 »
375 — Autel (73). M. Br. Patine verte. *AB.* 3 »
376 — A.VITELLIVS.IMP GERMAN. Tête laurée
de l'empereur, à dr.; au dessus, globe. R⧸. VIC-
TORIA AVGVSTI. Victoire marchant à g.,
portant un globe sur lequel S.P.Q.R. (99).
Or. *B.* 150 »
377 — Trépied (115). *AB.* 2 50
378 — Victoire debout, à g., plaçant un trophée sur
un captif assis (93). M. Br. *B.* 6 »
379 — Victoire volant à g. (99). *B.* 10 »
380 *Vespasien.* L'Equité debout, à g. (13). M. Br. *B.* 6 »
381 — Instruments de sacrifice (43). *AB.* 1 50
382 — La Concorde assise, à g. (74). *B.* 4 50
383 — COS.ITER.TR.POT. Femme assise, à g.,
tenant une branche d'olivier et un caducée. *B.* 2 50
384 — COS.ITER.TR.POT. L'Equité debout, à g.
  B. 3 »
385 — COS.VIII. L'empereur debout, à g., couronné
par la Victoire (131). Or. *B.* 60 »
386 — EX.S.C. Victoire debout, à g., posant un
trophée sur un juif assis (144). *B.* 6 »
387 — Deux mains jointes (163). *B.* 2 50
388 — La Bonne Foi debout, à g. (167). M. Br. *B.* 2 »
389 — La Fortune debout, à g. G. Br. Patine foncée.
  B. 7 »
390 — Modius (215). *B.* 1 75
391 — Jupiter debout, de face (222). *B.* 2 »
392 — La Judée assise, à dr. (226). *AB.* 1 50

393 — PAX AVGVST. La Paix assise, à g. (319). Or.
B. 55 »

394 — La Paix debout, à g. (332 var.). G. Br. B. 6 »

395 — L'empereur assis, à dr. (364 et 386 var.). B. à 3 »

396 — Autel (400). M. Br. B. 2 50

397 — Rome debout, à g. (419). G. Br. B. 1 »

398 — La Santé assise, à g. (432). B. 2 50

399 — S.C. sur un bouclier soutenu par deux capricornes (497). TB. 8 »

400 — Titus et Vespasien assis, à g. (541). B. 12 »

401 — Colonne rostrale (559). B. 5 »

402 — VIC AVG. Victoire debout, à dr. (583). Or. AB. 50 »

403 — Victoire couronnant une enseigne (618). B. 3 50

404 — Victoire assise, à g. (594). Quinaire. Usé. 2 »

405 — Restitution de Gallien (652). Bill. B. 4 » TB. 5 »

406 — ANTIOCHE. Sa tête laurée, à g. Ry. Aigle éployé, sur une base, tenant un caducée dans son bec et une palme dans ses serres. Médaillon. B. 12 »

407 *Domitille*. Char attelé de deux mules. Ry. S.C (1). G. Br. Usé. 1 50

408 *Titus*. L'Abondance assise, à g. (16). Or. AB. 50 »

409 — La même pièce (17). B. 3 »

410 — IMPERATOR T. CAESAR AVGVSTI F. Sa tête laurée, à dr. Ry. CONSTANTIA AVG ; à l'exergue, EPHE(PHE liés). La Concorde assise, à g. (39 var. 40 fr.). B. 28 »

411 — La Judée assise, à dr., au pied d'un palmier (117). M. Br. AB. 2 »

412 — Vénus debout, à dr. (268). B. 5 »

413 — Colonne rostrale (272). B. 3 »

414 — Juif à genoux, à dr., soutenant un trophée (273). Or. AB. 50 »

415 — Chaise curule (318). B. 2 »

416 *Domitien*. Sa tête laurée, à dr. Ry. ANNONA AVGVST.S.C. Cérès assise ; devant elle, l'Abondance ; derrière elle, un vaisseau (19). G. Br. B. 15 »

417 — R̸. COS IIII. Corne d'abondance (46). Or. *B.* 50 »
418 — Pégase marchant à dr. (47). *B.* 2 50
419 — Cavalier, à dr. (49). *B.* 3 50
420 — Louve avec Romulus et Rémus, à g. (51). *B.* 2 50
421 — COS. XIIII. Cippe sur lequel on lit : LVD. SAEC. FEC. Le tout dans une couronne (71 var.). *B.* 15 »
422 — COS.XIIII.LVD.SAEC.FEC. Prêtre salien, à g. (78). Quinaire. *AB.* 8 »
423 — La Bonne Foi debout, à g. (107). M. Br. Patine verte. *B.* 3 »
424 — La Fortune debout, à g. (125). M. Br. *B.* 2 »
425 — DOMITIANVS AVGVSTVS. Sa tête laurée, à dr. R̸. GERMANICVS COS.XIIII. Esclave germaine assise, à dr., sur un bouclier (148). Or. *FDC.* 200 »
426 — IMP.XIIII . COS . XIII . CENSOR PERPETVVS P.P. Dans le champ, S.C. (231). M. Br. *B.* 18 »
427 — Pallas debout, à g. (250, 260 et 259). *TB.* 2 50 *B.* 1 50
428 — Pallas combattant. *B.* 1 50
429 — Jupiter assis, à g. (314). Très belle patine. 20 »
429 *bis.* — Jupiter assis, à g. (316). G. Br. Très belle patine verte. *TB.* 25 »
430 — La Monnaie debout, à g. (332). Patine foncée. *B.* 3 »
431 — Pallas combattant (381 var.). *TB.* 4 »
432 — Chèvre debout, à g., dans une couronne (390). *B.* 6 »
433 — La Santé debout, à dr. (384). *B.* 1 25
434 — Deux mains jointes tenant une aigle légionnaire (395). *B.* 2 »
435 — Autel (397). *B.* 2 »
436 — Trône surmonté d'un casque (399). *TB.* 6 »
437 — Autel (414 et 417). M. Br. *B.* à 2 »
438 — Pallas debout, à g. (443). M. Br. Patine foncée. *B.* 4 »

439 — L'Espérance marchant à dr. (451). M. Br. *B.* 2 »

440 — L'empereur sacrifiant devant un autel placé à l'entrée d'un temple (492). *B.* 12 »

441 — L'empereur donnant la main à un homme accompagné de deux soldats (498). G. Br. *AB.* 7 »

442 — Trône surmonté d'un foudre (554). — Trépied (594). *B.* à 1 50

443 — La Victoire debout, à dr., sur une proue de vaisseau (621). Quinaire. *Usé.* 1 50

444 — Mêmes types (628). M. Br. *B.* 1 25

445 — La Valeur debout, à dr. (656). M. Br. Belle patine verte. *B.* 1 50 *TB.* 3 »

446 — Rhinocéros marchant à g. (674). P. Br. Très belle patine verte. *TB.* 5 »

447 *Domitia.* Tête, à dr. R⁄. S.C. Lyre. P. Br. *B.* 12 »

448 — Son buste, à g. R⁄. S.C. Corbeille remplie d'épis (15). P. Br. *B.* 8 »

449 *Nerva.* L'Equité debout, à g. (3, 6 et 9). *B.* à 2 »

450 — Deux mains jointes (20). *B.* 2 50

451 — Mêmes types (17). M. Br. *B.* 1 25

452 — Instruments de sacrifice (51). *B.* 2 50

453 — La Fortune assise, à g. (79). *B.* 2 50

454 — Mêmes types (67). G. Br. *B.* 4 »

455 — La Liberté debout, à g. (111). M. Br. *B.* 1 25

456 *Trajan.* L'Arabie (32). G. Br. *B.* 8 »

457 — La Santé assise, à g. (134). *B.* 2 50

458 — L'Eternité debout, à g. (3). — Rome assise, à g. (69). *B.* à 1 75

459 — Jupiter assis, à g. (62). *TB.* 2 »

460 — Victoire, à g. (74 et 77). *B.* à 1 50

461 — La Paix debout, à g. (83). — L'Equité debout, à g. (85). *B.* à 1 25

462 — La Fortune debout, à g. (87). *TB.* 2 50

463 — Trophée (98 et 100). *B.* 2 » *TB.* 3 »

464 — Dace debout, à g. (121). *B.* 1 50

465 — Dace assis, à g. (118 et 119). *B.* à 1 50

466 — Dace assis, à dr. (120). *TB.* 2 50

467 — DAC.PARHICO, etc. S.C. dans une couronne (122). P. Br. *B.* 2 50

468 — La Dacie assise, à g. (127). M. Br. Patine verte. 2 »

469 — DACICVS COS IIII.P.P. Victoire debout, de face (128-20 fr.). *B.* 10 »

470 — Le Danube couché, à g. (136). *B. 3 50 TB.* 5 »

471 — DIVVS PATER TRAIAN. Trajan père assis, à g. (140·25 fr.). *B.* 15 »

472 — La Fortune assise, à g. (150) *B.* 1 25

473 — Trajan assis sur une estrade haranguant des soldats (178-25 fr.). Avers piqué, revers beau. 4 »

474 — La Paix debout, à g. (196 et 238). *B.* à 2 »

475 — Victoire assise, à g. (213 et 223). *TB. 2 50 B.* 1 75

476 — Hercule nu debout, de face, sur un autel (236). *B.* 2 50

477 — Victoire marchant à g. (242). *TB.* 2 »

478 — Victoire marchant à dr. (244). *TB.* 2 50

479 — Génie debout, à g. (274 et 277). *B. 2 » TB.* 3 50

480 — Vesta assise, à g. (288). — La Fortune assise, à g. (301). *B.* à 2 50

481 — La Paix debout, à g. (292). *B.* 3 »

482 — Victoire assise, à g. (295). *B.* 2 »

483 — La Providence debout, à g. (315). *TB.* 3 »

484 — Mêmes types (320). G. Br. *B.* 6 »

485 — Hercule nu debout, de face, sur un autel (336). P. Br. *B.* 6 »

486 — Sanglier marchant à dr. (341). P. Br. Quinaire. *AB.* 2 » *B.* 5 »

487 — Massue (344). P. Br. Quinaire. *B.* 4 »

488 — Mars marchant à g. (371). *TB.* 3 50

489 — Mars marchant à dr. (372). *B.* 2 »

490 — Mars debout, de face (378) *B.* 2 50

491 — Rome debout, à g.; à ses pieds, un Dace suppliant (386). G. Br. *TB.* 12 »

492 — Génie debout, à g. (394). *B.* 1 75

493 — La Valeur debout, à dr. (402). *B.* 2 »

494 — La Paix debout, à g. (404). *TB.* 3 »

495 — La Paix debout, à g., posant le pied sur un
Dace (408). M. Br.   *B.*   2   »

496 — La Paix assise, à g.; à ses pieds, un Dace suppliant (417).   *B.*   3   »

497 — Victoire érigeant un trophée (448). M. Br. *B.*   1 50

498 — L'Espérance marchant à g. (455).   *TB.*   3   »

499 — L'Abondance debout, à g. (467).   *B.*   1 50

500 — L'Empereur dans un quadrige, à g. (494).
M. Br.   *B.*   6   »

501 — Dace assis, à dr., sur un bouclier (529 et 530).
                                            B. à 2 50

502 — Dace assis, à g., au pied d'un trophée (533).
M. Br.   *B.*   1 50

503 — Dace assis, à dr., au pied d'un trophée (537).
                              B. 3 » *TB.*   4 50

504 — Temple à huit colonnes; de chaque côté, une
galerie (550). M. Br.   *B.*   3   »

505 — Temple à huit colonnes (552). G. Br.   *B.*   15   »

506 — Temple à huit colonnes (553). M. Br.   *B.*   3   »

507 — Colonne surmontée de la statue de Trajan
(558).   *B.*   2   »

508 — Cuirasse (567). M. Br.   *B.*   1   »

509 — Bouclier ovale posé sur un bouclier ger-
main, etc. (569). M. Br.   *B.*   2   »

510 — Trophée (573). M. Br.   *B.*   1   »

511 — Trois enseignes militaires (577). *B.* 1 50 *TB.* 3   »

512 — La Piété debout, de face (613). M. Br.   *TB.*   4   »

513 — Victoire volant à g. (614). M. Br.   *TB.*   3   »

514 — La Fortune assise, à g. (618). M. Br.   *TB.*   3   »

515 — La Concorde assise, à g. (619). G. Br.   *B.*   1 50

516 — La Paix assise, à g. (624). G. Br.   *B.*   3   »

517 — Vesta assise, à g. (644).   *TB.*   1 50

518 — Femme (Via Traiana) couchée à terre (648) *B.*   3   »

519 — *Restitution* de Gallien. Autel (664). Bill. *TB.* 5 50

519 *bis.* — *Sebaste.* Son buste, à dr. R⁄. CEBACTH
OMONOIA. L'Abondance debout, à g. G. Br.
Très rare.   *B.*   60   »

520 *Plotine et Adrien*. Leurs bustes (1). Or. De la
plus grande rareté.   *FDC.*   700   »

521 *Matidie*. Son buste diadémé, à dr. ℞. PIETAS
AVGVST. L'Impératrice debout, de face,
regardant à g. et plaçant ses mains sur les têtes
de Sabine et de Matidie jeune (11). G. Br. Belle
patine foncée.   30   »
L'avers est un peu rongé, mais le revers est beau.

522. *Adrien*. ADVENTVS AVG, etc. Rome assise, à
dr., donnant la main à Adrien debout (91). G.
Br. Patine verte.   *B.*   8   »

523 — L'Egypte couchée, à g. (111). M. Br. *B.* 2   »
                                         TB.   4   »

524 — L'Afrique couchée, à g. (146). M. Br.   *B.*   3   »
525 — L'Equité debout, à g. (122).   *B.*   1   50
526 — L'Abondance debout, à g. (167). M. Br. *B.*   1   50
527 — Modius (172).   *B.*   2   »
528 — Modius (174). M. Br.   *B.*   3   ».
529 — La Concorde debout, à g. (268). G. Br. *B.*   3   »
530 — Jupiter Laodicéen debout, à g. (275). Médaillon.   *AB.*   14   »

531 — Neptune debout, à dr., tenant un acrostolium
et un trident (304).   *B.*   1   75

532 — Mêmes types, mais Neptune tourné à g. (312).
G. Br.   *TB.*   8   »

533 — La Concorde assise, à g. (328).   *TB.*   3   »
534 — Rome assise, à g. (342). G. Br.   *B.*   4   »
535 — L'Equité assise, à g. (387). M. Br.   *TB.*   5   »
536 — L'Espérance marchant à g. (390).   *B.*   1   50
537 — La Pudeur debout, à g. (392).   *B.*   1   25
538 — La Pudeur assise, à g. (393).   *B.*   1   50
539 — Adrien debout, à l'entrée d'un temple haranguant trois Romains (416 fr. 100). G. Br. *AB.*   20   »

540 — Pégase, à dr. (436). M. Br.   *B.*   2   »
541 — Lyre (443). P. Br.   *AB.*   1   »
542 — Vaisseau (446). M. Br.   *B.* 3 » *TB.*   5   »
543 — Trois enseignes militaires (450). P. Br. *TB.*   3   »

544 — Croissant surmonté de sept étoiles (465).
        AB. 2 » *TB.*   5 »

545 — Adrien galopant à dr. (495). M. Br.   *B.*   3 »

546 — La Justice assise, à g. (521). M. Br.   *B.*   1 50

547 — La Félicité debout, à g. (618). G. Br.   *B.*   3 »

548 — Adrien donnant la main à la Félicité (628) *B.*   8 »

549 — Mêmes types (633). G. Br.   *B.*   3 »

550 — La Félicité debout, à g. (642). M. Br.   *B.*   2 »

551 — Vaisseau allant à g. (657 et 658). G. Br. *B.* à 4 »

552 — Vaisseau allant à g. (659). M. Br.   *B.*   2 »

553 — Mêmes types, mais avec le buste d'Adrien
tourné à g. (666). G. Br.   *B.*   7 »

554 — Vaisseau allant à dr. (694). G. Br. Belle patine.
           B.   12 »

555 — Vaisseau allant à g.; légende sur l'étendard
(706). M. Br.   *B.*   4 »

556 — La Fortune assise, à g. (736). G. Br. Patine
foncée.   *B.*   5 »

557 — Mêmes types (756 et 757). G. Br. et M. Br. *B.* à 2 50

558 — Adrien donnant la main à la Fortune (793).
G. Br.   *B.*   4 »

559 — La Germanie debout, à g. (802). *TB.* 8 »

560 — Sa tête laurée, à dr. R⫝. Son buste lauré,
drapé et cuirassé, à dr. (810 var.). M. Br. *AB.* 5 »

561 — L'Allégresse debout, à g. (815). *TB.* 3 50

562 — Mêmes types (819). G. Br. Belle patine foncée.
           TB.   10 »

563 — Mêmes types (820). M. Br.   *B.*   1 50

564 — L'Espagne couchée, à g. (827 et 833). M. Br.
           B. à 3 »

565 — L'Espagne couchée, à g. (830 et 834). *B.* à 4 »

566 — IOVI OPTIMO MAXIMO S.P.Q.R. dans une
couronne (862 fr. 150). G. Br.   *B.*   30 »

567 — La Liberté debout, à g. (907).   *B.*   2 »

568 — Adrien assis sur une estrade, devant laquelle
un homme (908).   *B.* 5 » *TB.* 8 »

569 — Adrien assis sur une estrade, entouré de plusieurs personnages (910).   *TB.*   8 »

570 — La Mauritanie conduisant un cheval, à dr.
(960). M. Br.   *B.*   4   »
571 — La Monnaie debout, à g. (963).   *TB.*   3   »
572 — La Paix debout, à g. (1049).   *B.*   1 25
573 — Mars marchant à dr. (1073).   *FDC.*   4   »
574 — IMP. CAESAR TRAIANVS HADRIANVS...
Sa tête radiée, à dr. R̠. P.M.TR.P.COS.III.S.C.
L'Equité debout, à g., tenant une balance et
une corne d'abondance. M. Br. Inédit.   *B.*   6   »
575 — Mêmes types (1120).   *TB.*   3   »
576 — La Justice debout, à g. (1123).   *B.* 2 » *TB.*   3   »
577 — Victoire marchant à dr. (1125). Quinaire.   *B.*   6   »
578 — Vaisseau allant à g. (1174).   *B.*   3 50
579 — Rome assise, à g. (1187). G. Br. Belle patine
verte.   *B.*   9   »
580 — La Providence debout, à g. (1204 var.).   *B.*   1 75
581 — Adrien relevant la Gaule (1247).   *B.*   4   »
582 — Mêmes types (1250). M. Br.   *B.*   3   »
583 — Romulus marchant à dr. (1317 et 1318).
     B. 2 » *TB.*   4   »
584 — La Santé assise, à g. (1324).   *B.*   1 50
585 — La Santé debout, à g. (1333). G. Br.   *TB.*   5   »
586 — La Santé debout, à g. (1357). M. Br.   *B.*   1 50
587 — S. C. dans une couronne (1394). M. Br.   *B.*   2   »
588 — TELLVS STABIL. Femme debout, à g.
(1425 et 1427).   *B.* 6 » *TB.*   8   »
589 — La Tranquillité debout, à g. (1443).   *B.*   2   »
590 — Victoire debout, à dr. (1455).   *B.*   1 75
591 — La Valeur debout, à dr. (1470). M. Br.   *B.*   1 50
592 — Adrien sacrifiant à g. (1481).   *B.*   2 50
593 — *Restitution* de Gallien. Autel (1510). Bill. *TB.*   20   »
593 *bis.* — *Sidon.* M. Br.   *B.*   4   »
593 *ter. Alexandrie.* Son buste lauré, à dr. R̠. Le Nil
couché, à g., tenant une corne d'abondance, et
s'appuyant sur un roseau et un crocodile. G. Br.
     B.   6   »
594 *Sabine.* La Concorde debout, à g. (3).   *B.*   3   »
595 — CONSECRATIO S. C. Aigle (33). G. Br. *B.*   10   »

596 — La Pudeur assise, à g. (50). G. Br.   *AB.*   1 50
597 — Vénus victorieuse, debout, à dr., vue par der-
       rière (89).   *B.*   8 »
598 *Aelius.* La Concorde assise, à g. (10).   *TB.*   8 »
599 — La Santé assise, à g. (45). M. Br.   *B.*   3 »
600 — La Piété debout, à g. (53).   *B.*   8 »
601 — La Santé debout, à g. (54).   *B.*   8 »
602 — L'Espérance marchant à g. (56). G. Br.   *B.*   5 »
603 — Mêmes types (57). M. Br.   *AB.*   2 »
604 *Antonin le Pieux.* L'Afrique debout, à g. (23).
       M. Br. Patine noire.   *B.*   3 »
605 — L'Abondance debout, à dr. (45). M. Br.   *B.*   2 »
606 — L'Abondance assise, à g. (48 et 49). M. Br. *B.* à   1 50
607 — Apollon tenant la lyre (59 et 60).   *B.* à   3 50
608 — La Concorde debout, à g. (140). M. Br.   *B.*   2 »
609 — CONSECRATIO. Aigle debout, regardant
       à g. (154).   *B.*   3 »
610 — Bûcher à quatre étages (164).   *TB.*   4 »
611 — Bûcher à quatre étages (165). G. Br.   *B.*   5 »
612 — Chouette, aigle et paon (178). P. Br.   *AB.*   2 »
613 — L'Equité debout, à g. (240).   *TB.*   2 50
614 — La Santé debout, à g. (281).   *TB.*   2 »
615 — L'Abondance debout, à g. (283 et 291). *TB.* à   2 50
616 — Le Génie du Sénat debout dans un temple.
       (332). G. Br. Belle patine verte.   6 »
617 — Mêmes types (337). M. Br.   *AB.*   1 »
618 — Deux mains jointes tenant un caducée (344).
                                                   B.   1 50
619 — Trône surmonté d'un foudre (345).   *B.*   1 50
620 — L'Empereur assis, à g. (352).   *TB.*   3 50
621 — Colonne surmontée de la statue d'Antonin
       (353).   *TB.*   4 »
622 — Autel (357).   *B.* 2 »   *TB.*   3 »
623 — La Félicité debout, à g. (363). G. Br.   *TB.*   5 »
624 — La Fortune debout, à dr. (383).   *TB.*   3 »
625 — Le Génie du Sénat debout, à g. (398 et 399).
                                                   B. à   4 »
626 — Le Génie du peuple romain (405).   *B.* à   4 »

627 — Mêmes types (409). M. Br.   *TB.*   3   »

628 — Victoire debout, à g. (437).   *B.*   2   »

629 — Caducée ailé entre deux cornes d'abondance
(451).   *B.*   2   50

630 — L'Indulgence assise, à g. (452). G. Br. *AB.*   1   »

631 — La Justice assise, à g. (474). M. Br. Très
belle patine verte.   *B.*   4   »

632 — 4e et 8e Libéralités (491 et 527).   *B.* à   2   »

633 — La Liberté debout, à dr. (535). G. Br.   *B.*   1   50

634 — La Liberté debout, à g. (543). G. Br. Patine
foncée.   *B.*   4   »

635 — Eléphant marchant à dr. (566). M. Br. Patine
brune.   *TB.*   6   »

635 *bis.* — Son buste nu, à dr., drapé et cuirassé. R⅃. PAX
(à l'exergue) TR. POT. XIIII. COS. IIII. La
Paix debout, à g., tenant une branche d'olivier
et un sceptre (580). Or.   *FDC.*   100   »

636 — La Piété debout, à g. (621). G. Br.   *B.*   3   »

637 — L'Abondance debout, à g. (643). G. Br. *B.*   5   »

638 — Antonin posant la tiare sur la tête du roi
d'Arménie (686 fr. 80). G. Br.   *AB.*   18   »

639 — ROMAE AETERNÆ. Temple (699). G. Br.
          B.   8   »

640 — La Santé debout, à g. (711). G. Br. Patine
foncée.   *TB.*   15   »

641 — L'Espérance marchant à g. (754). G. Br. *TB.*   6   »

642 — Antonin et Marc-Aurèle assis sur une estrade,
au bas de laquelle deux soldats debout (763).
G. Br. Patine foncée.   *B.*   15   »

643 — Antonin assis sur un char traîné par quatre éléphants (766). G. Br.   *B.*   18   »

644 — Temple (797 et 810). G. Br.   *B.* à 10   »

645 — Temple (809 var.).   *B.*   8   »

646 — Temple (807). M. Br.   *AB.*   1   »

647 — Sa tête laurée, à dr. R⅃. TEMPORVM FELI-
CITAS COS. IIII. Deux cornes d'abondance en
sautoir, surmontées des bustes de deux enfants
jumeaux de Marc-Aurèle (811). Or.   *TB.*   100   »

648 — Même type, avec la tête radiée (814). M. Br.
B. 1 50

648 — La Tranquilité debout, à dr. (826). TB. 8 »

649 — Modius (834). B. 2 »

650 — Pallas, debout, à dr. (932). M. Br. TB. 2 »

651 — Soldat debout, à g. (945). TB. 3 »

652 — L'Empereur assis, à g., et couronné par une
Victoire (969). G. Br. B. 2 »

653 — La Providence debout, à g. (976). G. Br.
Patine foncée. B. 3 »

654 — Temple (1075). G. Br. B. 4 »

655 — L'Empereur sacrifiant à g. (1115 var.) B. 2 »

656 — *Restitution* de Gallien. Aigle et autel (1188 et
1189). Bill. TB. à 3 »

657 *Antonin et Marc-Aurèle*. Tête nue d'Antonin, à dr.
R⁄. Tête nue de Marc-Aurèle, à g. (4). B. 6 »

658 — Tête nue d'Antonin, à dr. R⁄. Buste nu de
Marc-Aurèle, à dr. (21). B. 8 »

659 — Tête d'Antonin laurée, à dr. R⁄. Tête nue de
Marc-Aurèle, à dr. (28). G. Br. B. 5 »

660 — Tête d'Antonin laurée, à dr. R⁄. Buste nu de
Marc-Aurèle, à dr. (34). G. Br. B. 4 »

661 — Tête d'Antonin laurée, à dr. R⁄. Buste nu de
Marc-Aurèle, à dr. (35). M. Br. B. 3 »

662 — Buste d'Antonin lauré, à dr. R⁄. Tête nue de
Marc-Aurèle, à dr. (31). M. Br. B. 2 »

663 *Faustine mère*. R⁄. AED. DIV. FAVSTINAE.
Temple (1). B. 5 » TB. 8 »

664 — L'Eternité debout, à g. (11). TB. 3 50

665 — Junon debout, à g. (26). B. 8 »

666 — L'Eternité debout, à g. (32). B. 2 »

667 — Son buste, à dr., sans voile. R⁄. Trône
(61 var.). B. 3 »

668 — Temple (66). M. Br. B. 1 50

669 — Cérès debout, à g. (78, 96 et 101). B. à 2 »

670 — Cérès debout, à g. (79). G. Br. B. 3 »

671 — La Concorde debout, à g. (155). M. Br. B. 2 »

672 — R̸. CONCORDIAE. Antonin et Faustine se
   donnant la main (159).   TB.   8 »

673 — Vesta debout, à g. (163). M. Br.   B.   2 »

674 — Paon marchant à dr. (175).   B.   2 »

675 — Mausolée (186 et 189 fr. 60). G. Br.   B. à 10 »

676 — R̸. DEDICATIO AEDIS. Temple (191).
                  B. 12 » TB. 18 »

677 — Junon debout, à g. (215).   B.   2 »

678 — La Piété debout, à g. (240). G. Br.   B.   2 »

679 — Autel (257). M. Br.   TB.   5 »

680 — Faustine sur un char traîné par deux éléphants
   (270). M. Br.   B.   6 »

681 — Croissant entouré de sept étoiles (275). M. Br.
                    B.   3 »

682 *Marc-Aurèle.* L'Arménie assise, à g. (6).   B.   3 »

683 — La Concorde assise, à g. (37).   B.   2 »

684 — Marc-Aurèle et L. Vérus se donnant la main
   (45 et 54). G. Br.   3 à 6 »

685 — La Concorde debout, à g. (65). M. Br. Patine
   foncée.   TB.   5 »

686 — Aigle debout, à g. (79).   B.   2 »

687 — Aigle volant à dr. (81).   B.   2 »

688 — Aigle sur un foudre, à dr. (83).   TB.   3 »

689 — Aigle sur un autel, à dr. (84).   B.   2 50

690 — Aigle sur un autel, à dr. (85). G. Br.   B.   2 »

691 — Aigle sur un autel, à dr. (86). M. Br.   B.   2 »

692 — Aigle sur un globe, à dr. (89). G. Br. Patine
   foncée.   TB.   6 »

693 — Aigle sur un globe, à dr. (90). M. Br.   B.   1 50

694 — Aigle sur un globe, à dr. (91).   TB.   3 »

695 — Mausolée (98). G. Br.   B.   3 »

696 — La Valeur debout, à g. (109). M. Br. Patine
   verte.   B.   3 »

697 — La Santé debout, à dr. (139).   B.   1 50

698 — Rome assise, à g., sur une cuirasse, s'appuyant
   sur des boucliers et tenant une haste (134 var.).
   G. Br.   TB.   4 »

699 — La Félicité debout, à g. (178).   B.   1 50

700 — La Fortune assise, à g. (206).	*TB.*	3	»
701 — Jupiter assis, à g. (250). G. Br.	*TB.*	8	»
702 — Victoire marchant à dr. (263).	*B.*	2	»
703 — Victoire debout, à dr. (269). Patine brune. *B.*		4	»
704 — Victoire debout, à dr. (271).	*B.*	3	»
705 — Mars marchant à g. (316). G. Br.	*B.*	3	»
706 — Le Tibre couché, à g. (348). M. Br.	*B.*	1	50
707 — Libéralité debout, à g. (411). M. Br.	*B.*	1	50
708 — Libéralité debout, à g. (412).	*TB.*	3	»
709 — Libéralité debout, à g. (419). G. Br. Patine vert foncée.	*B.*	4	»
710 — Marc-Aurèle et Commode assis sur une estrade (423). G. Br.	*AB.*	3	»
711 — Instruments de sacrifice (451).	*TB.*	2	50
712 — R⁄. PRIMI DECENNALES COS III S. C. dans une couronne (495). G. Br.	*B.*	3	»
713 — La Bonne Foi debout, à dr. (613).	*TB.*	2	50
714 — Pallas debout, à g. (687). G. Br.	*B.*	5	»
715 — La Félicité debout, à g. (710). G. Br. Patine foncée.	*B.*	5	»
716 — Mars marchant à dr. (757). G. Br.	*B.*	2	»
717 — L'Empereur dans un quadrige, à g. (788). G. Br.	*B.*	4	»
718 — Marc-Aurèle debout, de face (789). M. Br.	*B.*	2	»
719 — Mars debout, à dr. (838). G. Br. Patine foncée.	*TB.*	10	»
720 — Pallas debout, à g. (844). G. Br.	*B.*	3	»
721 — La Paix assise, à dr. (853).	*TB.*	3	»
722 — Mars marchant à dr. (871). M. Br. Patine foncée.	*TB.*	8	»
723 — Victoire debout, de face (878).	*B.*	3	»
724 — La Providence debout, à g. (881).	*TB.*	2	50
725 — La Santé assise, à g. (968).	*B.*	2	50
726 — Victoire debout, à dr.; à ses pieds, l'Arménie assise (984). G. Br.	*B.*	5	»
727 — VICT. GERM., etc., dans une couronne (995 et 997). G. Br. et M. Br.	*AB.* à	1	»

728 — La Valeur assise, à dr. (1005). G. Br.   *B.*   3   »
729 — La Valeur debout, à dr. (1006).   *B.*   2   »
730 *Faustine jeune.* L'Espérance debout, à g. (24). *B.*   2   »
731 — La Concorde assise, à g. (54).   *B.*   4   »
732 — Faustine voilée, enlevée par un paon (69).
     G. Br.   *B.*   5   »
733 — Pulvinar (73).   *B.*   2   »
734 — Pulvinar (74). G. Br.   *B.*   6   »
735 — Croissant entouré de sept étoiles (83).   *B.*   4   »
736 — Diane debout, à g. (85).   *B.*   2   »
737 — La Fécondité debout, à dr. (99).   *B.*   2 50
738 — La Fécondité debout, à dr. (101). M. Br. Patine
     verte.   *B.*   2 50
739 — La Joie debout, à g. (149). G. Br.   *B.*   3   »
740 — La Pudeur assise, à g. (186). G. Br.   *B.*   3   »
741 — Pulvinar (194). M. Br.   *B.*   3   »
742 — Croissant entouré de sept étoiles (213). M. Br.
                                                     B.   3   »
743 — Faustine debout, à g. (224). G. Br.   *B.*   2   »
744 — Vénus debout, à g. (252 et 253). G. Br. et
     M. Br.   *B.* à   2   »
745 — Vénus debout, à g. (261).   *B.*   2 50
746 — Vesta assise, à g. (286).   *B.*   2 50
747 *Lucius Verus.* L'Arménie assise, à g. (13). M. Br.
                                                     AB.   1   »
748 — Lucius Vérus et Marc-Aurèle se donnant la
     main (38). G. Br.   *B.*   3   »
749 — CONSECRATIO. Aigle debout, à dr. (55).
                                                     B.   6   »
750 — CONSECRATIO. Aigle debout, à dr., sur un
     globe (56). G. Br.   *B.*   6   »
751 — CONSECRATIO. Bûcher (58).   *B.*   8   »
752 — La Fortune assise, à g. (101). M. Br.   *B.*   1 50
753 — La Providence debout, à g. (155 et 156).   *B.* à   2   »
754 — Sa tête nue, à dr. ℞. Vérus assis sur une
     estrade, etc. (158). Or.   *FDC.*   120   »
755 — Même pièce, avec sa tête laurée, à dr. (144 var.).
                                                     TB.   3   »

756 · Victoire debout, de face (206). G. Br.   *B.*   4   »
757 — Mars marchant à dr. (226). G. Br.   *B.*   2   »
758 · Mars debout, à dr. (230).   *B.*   2 50
759 · Mars debout, à dr. (233). M. Br.   *TB.*   4   »
760 ·· Arménien assis, à dr. (273). B. 2   »   *FDC.*   5   »
761 ·· Victoire debout, à dr. (276). Or.   *FDC.*   90   »
762   Victoire debout, à dr. (279).   *B.*   1 50
763 — L'Équité assise, à g. (318).   *TB.*   3   »
764 *Lucille.* L'Allégresse debout, à g. (31). G. Br. *B.*   3   »
765   Junon debout, à g. (34 et 43). G. Br. et
      M. Br.   *B.* à 1 50
766 — La Pudeur assise, à g. (62).   *B.*   4   »
767 *Commode.* Apollon debout, à dr., s'appuyant sur
      une colonne (20). M. Br.   *B.*   2   »
768 · La Concorde debout, à g. (43 var.).   *B.*   8   »
769 ·· Jupiter assis, à g. (246). G. Br.   *B.*   3   »
770 · Victoire debout, à dr. (438).   *B.*   2   »
771 — L'Abondance debout, à g.   *B.*   1 50
772 · L'Empereur debout, à dr.. tendant les mains à
      une Victoire posée sur une colonne (590). G. Br.
                                                    AB.   1 50
773 · Deux mains jointes tenant une enseigne mili-
      taire (604). M. Br.   *B.*   2   »
774 · Vaisseau (639 fr. 30). M. Br.   *AB.*   5   »
775 — L'Espérance marchant à g. (710). M. Br.   *B.*   3   »
776 · L'Espérance marchant à g. (712). G. Br.
      Patine foncée.   *TB.*   35   »
777 ·· L'Abondance debout, à g., entre le modius et
      un vaisseau (837). G. Br.   *AB.*   2   »
778 — L'Abondance debout, à g. (812).   *B.*   2   »
779 ·· Pallas marchant à dr. (914).   *B.*   1 50
780 ·· Pallas debout, à dr. (919). M. Br.   *B.*   2   »
781 · Commode sacrifiant, et un victimaire immo-
      lant un taureau (979). G. Br.   *B.*   6   »
782 — Variété de la pièce précédente (985). G. Br.
      légèrement retouché   *B.*   10   »
783 — R. VOT. XX., etc., dans une couronne
      (999). M. Br. Patine verte.   *B.*   5   »

784 — *Césarée.* M. Br. B. 3 »

785 *Crispine.* Junon debout, à g. (24). M. Br. Patine
verte. B. 3 »

786 — La Pudeur assise, à g. (30). G. Br. B. 2 »

787 *Pertinax.* Sa tête laurée, à dr. ℟. LAETITIA
TEMPOR. COS. II. La Joie debout, à g. (19).
Or. *TB.* 350 »

788   Mêmes types (21). G. Br. *TB.* 110 »

789 — ℟. OPI DIVIN. TR. P. COS. II. L'Assistance
divine assise, à g. (33). Fruste 5. *B.* 50 »

790 — La Providence debout, à g. (43). *B.* 35 »

791 *Pescennius Niger.* Mars debout, à g. (51). *Usé.* 20 »

792 *Albin.* La Félicité debout, à g. (18). G. Br. *B.* 12 »

793 — Deux mains jointes tenant une aigle légionnaire (24). *TB.* 15 »

794 — La Fortune assise, à g. (32). G. Br. *B.* 12 »

795 — Minerve debout, à g. (48). *AB.* 2 » *B.* 5 »

796 — Minerve debout, à g. (50). G. Br. *B.* 15 »

797 — Rome assise, à g. (61). *B.* 8 »

798 *Septime Sévère.* L'Emp. à cheval, à g., précédé
d'un soldat (1). *TB.* 4 »

799 — L. SEPT. SEV. AVG. IMP. XI. PART. MAX.
Sa tête laurée, à dr. ℟. ANNONAE AVGG.
L'Abondance debout, à g. (39 var.). *FDC.* 5 »

800 — Victoire marchant à g. (100). *B.* 2 »

801 — Rome assise, à g. (127). G. Br. *B.* 6 »

802 — La Félicité debout, à g. (135). *FDC.* 5 »

803 — La Fortune debout, à g., tenant une palme et
une corne d'abondance (157 var.). *B.* 2 50

804 — L'Emp. debout, à g. (205). *TB.* 3 50

805 — La déesse de Carthage assise sur un lion, à dr.
(223). *TB.* 2 »

806 — Aigle légionnaire entre deux enseignes militaires (275). G. Br. *B.* 4 »

807 — La Fortune debout, à g. (425). G. Br. *B.* 3 »

808 — Sa tête laurée, à dr. ℟. P. M. TR. P. XIIII.
COS. III. P. P. Sévère galopant à dr. (479). Or.
TB. 220 »

809 — Jupiter marchant à g. (501).   *TB.*   2   »

810 — Pont cintré couvert, entre deux portiques
(523). M. Br.   *B.*   10   »

811 — Neptune debout, à g. (529).   *FDC.*   3   »

812 — Trophée entre un Parthe et un Arabe assis
(551). G. Br.   *B.*   4   »

813 — La Providence debout, à g. (592).   *TB.*   2   »

814 — L'Emp. debout, à g., sacrifiant sur un trépied.
(599).   *FDC.*   3   »

815 — Rome assise, à g. (606).   *TB.*   2   »

816 — La Santé assise, à g. (642).   *TB.*   2   »

817 — Victoire volant à g. (719).   *B.*   1   50

818 — Victoire debout, à dr., écrivant sur un bouclier attaché à un palmier (734). M Br.   *B.*   5   »

819 — Victoire courant à g. (744).   *FDC.*   3   »

820 — L'Emp. debout, à g., couronné par Rome
(773). G. Br. Patine verte.   4   »

821 *Julie Domne.* La Concorde assise, à g. (21).   *B.*   2   50

822 — Diane debout, à g. (32).   *B.* 2 » *TB.*   3   »

823 — La Terre couchée, à g., entourée de quatre
enfants (37). M. Br.   *B.*   6   »

824 — La Fécondité assise, à dr. (42). M. Br. Patine
foncée.   *B.*   6   »

825 — La Félicité debout, à g. (47).   *TB.*   3   »

826 — La Fortune debout, à g. (55).   *B.*   2   »

827 — La Fortune assise, à g. (58).   *TB.*   2   50

828 — L'Allégresse debout, à g., entre deux enfants
(79).   *B.*   2   »

829 — Junon debout, à g. (82).   *B.*   2   »

830 — Junon debout, à g. (98). G. Br.   *TB.*   20   »

830 *bis.* — Julie assise, à g. (112). G. Br.   *B.*   8   »

831 — Cybèle assise, à g., entre deux lions (123). *TB.*   2   50

832 — Cybèle debout, à g., s'appuyant sur une
colonne; à ses pieds, un lion (137).   *TB.*   5   »

833 — La Piété debout, à g. (150 et 156).   *TB.* à   2   50

834 — La Pudeur assise, à g. (168).   *TB.*   2   50

835 — Vénus à demi nue, vue par derrière, debout, à
dr. (195). G. Br.   *B.*   5   »

835 *bis*. — Vénus debout, de face (198).	B.	2	»
836 — Vesta assise, à g. (221).	B.	3	50
837 *Caracalla*. Mausolée (34 fr. 80). G. Br.	B.	10	»
838 — Bacchus et Hercule en face l'un de l'autre (52). M. Br.	B.	2	»
839 — La Félicité debout, à g. (61).	TB.	2	»
840 — La déesse de Carthage assise sur un lion courant à dr. (97).	TB.	3	»
841 — Julie voilée assise, à g. (104).	B.	4	»
842 — R⁄. LAETITIA TEMPORVM. Vaisseau du Cirque à la voile (118-50 fr.).	B.	20	»
843 — La Libéralité (VI) debout, à g. (129).	TB.	2	»
844 — La Libéralité (VIII) debout, à g. (136). G. Br.	TB.	15	»
845 — La Liberté debout, à g. (144).	TB.	2	»
846 — Mars marchant à g. (150).	TB.	2	50
847 — Trophée entre deux captifs assis (175). FDC.		3	»
848 — Hercule debout, à g. (196, 221 et 244). TB. à		2	»
849 — L'Abondance assise, à g. (205). FDC.		3	»
850 — Eléphant marchant à dr. (208).	B.	6	»
851 — Sérapis debout, à g. (211).	TB.	2	»
852 — L'Emp. debout, à g. (247).	TB.	2	»
853 — Jupiter debout, à dr. (279).	TB.	3	»
854 — Le Soleil debout, à dr. (287).	B.	2	»
855 — La Foi militaire debout, à g. (315).	TB.	2	»
856 — La Santé assise, à g. (422).	TB.	2	»
857 — Mars debout, à g. (424).	TB.	2	»
858 — Mars marchant à dr. (431).	TB.	2	»
859 — Mars courant à g. (462). G. Br.	TB.	10	»
860 — La Valeur debout, à dr. (464).	TB.	2	»
861 — La Concorde assise, à g. (465).	TB.	2	»
862 — La Valeur debout, à g.; en face, un trophée, au pied duquel un captif est assis (479). M. Br.	B.	3	»
863 — La Sécurité assise, à dr. (498).	TB.	2	»
864 — Rome debout, à g. (499).	TB.	2	»
865 — L'Emp. debout, à dr.; derrière lui, deux enseignes (508).	TB.	6	»

866 — L'Emp. à cheval, à dr. (511). TB. 8 »
867 — L'Emp. debout, de face (542 et 546). B. à 1 50
868 — Pallas debout, à g. (562). B. 3 »
869 — La Sécurité assise, à g. (574). TB. 2 50
870 — La Sécurité assise, à dr. (576 var.). G. Br. B. 5 »
871 — Vénus debout, à g. (606 et 608). TB. à 3 »
872 — La Valeur assise, à g. (675). M. Br. TB. 6 »
873 — L'Emp. sacrifiant à g. (688 et 689). TB. à 5 »
874 — NICÉE (Bithynie). M. Br. troué. B. 1 50
875 — ANTIOCHE (Pisidie) (864). G. Br. AB. 2 »
875 bis. — ANTIOCHE. Médaillon. B. 5 » TB. 8 »
876 — TYR. G. Br. B. 2 »
877 — ANTIOCHE (Syrie). Pot. B. 8 »
878. *Plautille*. La Concorde assise, à g. (7). B. 3 »
879 — Caracalla et Plautille se donnant la main (10
et 12). B. 3 » TB. 5 »
880 — Vénus debout, à g. (25). TB. 4 »
881 *Géta*. La Fortune assise, à g. (51). TB. 2 »
882 — Minerve debout, à g. (83). TB. 2 »
883 — R℟. NOBILITAS. Femme debout, à dr. (90).
TB. 5 »
884 — Génie nu, debout, à g. (114 et 140). TB. à 2 »
885 — L'Emp. sacrifiant à g. (119 et 230). B. à 2 »
886 — La Félicité debout, à g. (137). TB. 2 »
887 — Sévère entre Caracalla et Géta, etc. (147 fr.
100). G. Br. Fr. 5 »
888 — La Fécondité debout, à dr. (152). M. Br. AB. 1 »
889 — La Sécurité assise, à g. (183). TB. 3 50
890 — Victoire volant à g. (206). B. 1 50
890 bis. — ANTIOCHE. Tête et aigle. Méd. TB. 15 »
891 *Macrin*. La Félicité debout, à g. (17). M. Br. B. 5 »
892 — Jupiter debout, à g. (55). TB. 8 »
893 — La Félicité debout, à g. (82). TB. 8 »
894 — L'Emp. dans un quadrige, à g. (107). M. Br. B. 8 »
895 — La Santé assise, à g. (118). M. Br. AB. 2 »
896 — La Santé assise, à g. (120). G. Br. B. 15 »
897 *Diaduménien*. L'Emp. debout, à g., tenant une
enseigne militaire et un sceptre; derrière lui,
deux enseignes (8). M. Br. B. 5 »

898 *Elagabale*. L'Abondance debout, à g. (1).   *TB.*   2 »

899 — L'Emp. à cheval, à g. (7). M. Br.   *AB.*   2 »

900 — La Fortune debout, à g. (50 var.).   *TB.*   3 »

901 — L'Emp. sacrifiant à g. (62).   *B.*   3 »

902 — Jupiter debout, à g. (66).   *TB.*   3 50

903 — La Liberté debout, à g. (92)   *FDC.*   3 »

904 — Mars marchant à dr. (110 et 111).   *B.* à   1 50

905 — La Paix courant à g. (120).   *B.*   1 50

906 — La Piété debout, à g. (124).   *B.*   4 »

907 — Rome assise, à g. (139).   *B.*   2 »

908 — La Fortune assise, à g. (149).   *TB.*   2 »

909 — Victoire volant à g. (194).   *B.*   1 50

910 — La Providence debout, à g. (244). Denier
défourré.   *B.*   1 »

911 — L'Emp. sacrifiant à dr. (246 et 276).   *B.* à   2 »

912 — La Santé debout, à dr. (261).   *TB.*   2 50

913 — L'Espérance marchant à g. (273).   *B.*   2 »

914 — La Félicité debout, à g. (280).   *B.*   1 50

915 — Victoire courant à dr. (291).   *B.*   2 »

916 — Beryte. Buste, à dr. R¿. Temple (376). M.
Br.   *AB.* 2 » *FDC.*   20 »

917 — Tyr. Astarté debout, de face (440). M. Br. *B.*   2 »

918 — Tyr. Astarté debout, de face (443). G. Br.
     B. 3 » *TB.*   6 »

919 — Tyr. Même pièce contrem. de la tête d'Héraclès.
G. Br. et M. Br.   *B.* à   4 »

920 — Tyr. Astarté debout dans un temple (445).
M. Br.   *B.*   5 »

921 — Tyr. Personnage nu et quadrige de cerfs
(448). M. Br.   *B.*   4 »

922 — Laodicée. R¿. Δ. Є et une étoile dans une
couronne (366). P. Br.   *B.*   3 »

923 — Antioche. Méd.   *B.* 4 » *TB.*   8 »

924 *Julie Paula*. La Concorde assise, à g. (6).   *B.*   3 »

925 *Aquilia Severa*. La Concorde debout, à g. (2). *B.*   10 »

926 *Julie Soémias*. Vénus debout, à g. (8).   *TB.*   4 »

927 — Mêmes types (11). G. Br. Patine noire.   10 »

928 — Vénus assise, à g. (18). G. Br.   *Fr.*   2 »

929 *Julie Maesa*. La Fécondité debout, à g. (8).   B.   2   »
930 — La Pudeur assise, à g. (36).   B.   1   50
931 — La Félicité debout, à g. (45).   B.   1   50
932 *Alexandre Sévère*. L'Abondance debout, à dr. (1).
                                                     B.   1   50
933 — Jupiter marchant à g. (84).   TB.   2   »
934 — La Justice assise, à g. (106). G. Br.   B.   5   »
935 — Mars marchant à dr. (161).   TB.   2   50
936 — La Paix debout, à g. (183).   B.   1   50
937 — Mars debout, à g. (207).   B.   1   50
938 — La Paix debout, à g. (236).   TB.   2   »
939 — L'Emp. sacrifiant à g. (278). G. Br. Patine
      noire.   B.   3   »
940 — Les Thermes (302). M. Br.   B.   15   »
941 — L'Equité debout, à g. (313). G. Br. Patine
      verte.   B.   2   50
942 — L'Emp. sacrifiant à g. (325).   B.   3   »
943 — Le Soleil debout, à g. (411),   B.   2   50
944 — Le Soleil marchant à g. (448).   B.   1   50
945 — La Sécurité assise, à g. (537). G. Br. Patine
      foncée.   B.   8   »
946 — L'Espérance marchant à g. (543).   TB. à   1   50
947 — Mêmes types (547 et 548). G. Br.   B. 1 50 à   3   »
948 — Victoire debout, à dr. (567). G. Br. Patine
      verte.   B.   2   »
949 — La Valeur debout, à dr. (576).   B.   2   »
950 — L'Emp. marchant à dr., portant une haste et
      un trophée (585).   FDC.   4   »
951 — L'Emp. debout, à g. (586).   TB.   3   »
952 — L'Emp. debout, à g. (592). G. Br. Patine verte.
                                                     B.   3   »
953 — RESTITUTION de Gallien. Aigle (599). Bill.   B.   3   »
954 — ALEXANDRIE. Pot.   B.   2   »
955 *Orbiane*. La Concorde assise, à g. (1).   B.   15   »
956 — Mêmes types (5). M. Br.   AB.   2   »
957 *Julie Mamée*. La Félicité debout, à g. (17).   B.   1   50
958 — Mêmes types (22). M. Br.   B.   2   »
959 — Junon debout, à g. (35).   TB.   3   »

960 — Vénus assise, à g. (69). G. Br.   *TB.*   5   »
961 — Vesta debout, à g. (81).   *B.*   1 25
962 *Maximin Ier.* La Foi militaire debout, à g. (7).
                                  TB.   1 50
963 — La Foi militaire debout, à g. (13). G. Br.   *B.*   1 50
964 — La Paix debout, à g. (30 et 37).   *TB.* à   2   »
965 — La Paix debout, à g. (34 et 38). G. Br.   *B.* à   1 50
966 — L'Emp. debout, à g. (56).   *B.*   1 50
967 — La Providence debout, à g. (75 et 77).   *B.* à   1 50
968 — La Providence debout, à g. (80). G. Br.   *TB.*   6   »
969 — La Providence debout, à g. (81). M. Br. Patine
    foncée.   *B.*   3   »
970 — La Santé assise, à g. (85).   *TB.*   2   »
971 — La Santé assise, à g. (92). G. Br. Patine vert
    foncée.   *B.*   3   »
972 — Victoire courant à dr. (99).   *B.*   1 50
973 — Victoire courant à dr. (100). G. Br.   *B.*   2   »
974 — Victoire courant à dr. (101). M. Br. Patine
    noire.   *B.*   2   »
975 — Victoire debout, à g.; à ses pieds, un Germain
    assis (109). G. Br.   *TB.*   5   »
976 — Victoire couronnant l'Emp. debout, à g. (113).
    G. Br.   *B.*   5   »
977 — ALEXANDRIE. R⃊. Tête de la Lune. Pot.   *B.*   2   »
978 *Maxime.* Instruments de sacrifice (1). Denier
    défourré.   *B.*   6   »
979 — Instruments de sacrifice (5). G. Br.   *TB.*   8   »
980 — Instruments de sacrifice (7). G. Br.   *B.*   5   »
981 — L'Emp. debout, à g.: derrière lui, deux
    enseignes (10).   *B.* 10 » *TB.*   15   »
982 — Mêmes types (14). G. Br.   *B.*   4   »
984 *Gordien d'Afrique père.* Son buste lauré, drapé et
    cuirassé, à dr. R⃊. ROMAE AETERNAE. Rome
    assise, à g. (8).   *TB.*   90   »
984 *Gordien d'Afrique fils.* Son buste lauré, drapé et
    cuirassé, à dr. R⃊. VIRTVS AVGG. La Valeur
    debout, à g. (14).   *TB.*   100   »

985 — R⁄. VICTORIA AVGG. S.C. Victoire courant
à g. (13). G. Br.   *B.*   50   »
986 *Balbin.* La Concorde assise, à g. (4). G. Br.   *B.*   5   »
987 — Deux mains jointes (6).   *B.*   8   »
988 — La Providence debout, à g. (24). G. Br.
                                      B. 6 » *TB.*   10   »
989 — Victoire debout, de face (29). G. Br.   *TB.*   12   »
990 *Pupien.* Deux mains jointes (19 et 21). *TB.* à 15   »
991 — La Paix assise, à g. (22).   *B.*   6   »
992 — La Paix assise, à g. (23). G. Br. *B.* 6 » *TB.* 15   »
993 — Victoire debout, de face (40). G. Br.   *B.*   12   »
994 *Gordien le Pieux.* L'Equité debout, à g. (17 et 25).
                                             TB. à 1 50
995 — Le Soleil debout, à g. (41).   *B.*   1 25
996 — La Concorde assise, à g. (53 et 62).   *TB.* à 1 50
997 — Diane debout, à dr. (69).   *B.*   2 50
998 — La Félicité debout, à g. (71).   *TB.*   1 25
999 — Mêmes types (74). M. Br.   *B.*   1 50
1000 — La Foi militaire debout, à g. (86).   *TB.*   1 25
1001 — La Fortune assise, à g. (98 var.).   *B.*   1   »
1002 — La Fortune assise, à g. (101). M. Br. *B.*   3   »
1003 — Jupiter debout, de face (109).   *TB.*   1   »
1004 — Jupiter debout, à g.; à ses pieds, Gordien
debout (105).   *TB.*   3   »
1005 — La Joie debout, à g. (121).   *TB.*   3   »
1006 — La Joie debout, à g. (122). G. Br.   *B.*   1   »
1007 — La Libéralité (II et III) debout, à g. (130 et
142).   *TB.* à 1   »
1008 — La Libéralité (II) debout, à g. (136). G. Br.
                                             B.   1 5 ·
1009 — Mars marchant à dr. (156 et 160).   *TB.* à 2   »
1010 — Mars marchant à g. (162).   *TB.*   1 50
1011 — La Paix debout, à g. (178 var.).   *TB.*   2   »
1012 — La Paix courant à g. (179).   *TB.*   1 25
1013 — Instruments de sacrifice (183). G. Br. *TB.* 15   »
1014 — Son buste lauré, à dr. R⁄. La Piété debout, à
g. (186).   *TB.*   4   »

1015 — La Valeur debout, à g. (194). — La Providence debout, à g. (196). *TB.* à 1 »
1016 — La Paix debout, à g. (203). *TB.* 1 »
1017 — L'Emp. sacrifiant à g. (210). *TB.* 1 »
1018 — L'Emp. assis, à g. (231). G. Br. *B.* 3 »
1019 — L'Emp. à cheval, à g. (234). *TB.* 3 »
1020 — IMP. GORDIANVS PIVS FEL. AVG. Son buste lauré, à dr. ℞. P.M.TR.P.IIII.COS.II. P.P. Apollon assis, à g. (249). Or. *FDC.* 130 »
1021 — Mêmes types (238, 250 et 272). *TB.* à 1 »
1022 — Mêmes types (251). G. Br. Patine verte. *B.* 3 »
1023 — L'Emp. debout, à dr. (253 et 266). *B.* à 1 »
1024 — L'Emp. debout, à dr. (254). G. Br. *TB.* 5 » *B.* 3 »
1025 — La Providence debout, à g. (299 et 302). *TB.* à 1 »
1026 — Rome assise, à g. (312 et 314). *TB.* à 1 »
1027 — Rome assise, à g. (316). G. Br. *TB.* 6 »
1028 — L'Emp. debout, à dr. (319). *B.* 1 »
1029 — La Sécurité debout, à g. (327 et 336). *TB.* à 1 25
1030 — Mêmes types (329 et 337). G. Br. *TB.* à 2 »
1031 — La Sécurité assise, à g. (332). G. Br. *B.* 2 »
1032 — La Sécurité assise, à g. (340). *TB.* 3 »
1033 — Victoire debout, à g. (354). G. Br. *TB.* 3 »
1034 — Victoire courant à g. (357). *FDC.* 2 »
1035 — ℞. VICTORIA AVG. Temple rond entouré de personnages (373 fr. 80). M. Br. *Fr.* 10 »
1036 — Mars debout, à g. (383 et 388). *TB.* à 1 50
1037 — Mars debout, à g. (391). M. Br. *B.* 1 50
1038 — Gordien assis sur une cuirasse, entouré par la Victoire et la Valeur (400). M. Br. Patine verte. *B.* 15 »
1039 — ℞. VIRTVTI AVGVSTI. Hercule debout, à dr. (401). Or. *B.* 65 »
1040 — Mêmes types (404). *TB.* 1 50
1041 — ANTIOCHE. Son buste lauré, à dr. ℞. La Louve avec Romulus et Rémus (525). G. Br. *TB.* 25 »
1042 *Philippe père.* L'Emp. à cheval, à g. (3). *TB.* 2 »

1043 — Même pièce, avec IMP.PHILIPPVS.AVG.*TB.* 3 »

1044 — Mêmes types (6). G. Br. Belle patine verte.*B.* 12 »

1045 — R*/*. AEQVITAS AVGG. L'Équité debout, à
g. (9). *FDC.* 1 50

1046 — Même pièce avec IMP.PHILIPPVS AVG.*TB.* 3 »

1047 — Variété de la pièce précédente, avec le buste
tourné à g. (8). *B.* 3 »

1048 — Type du n° 1045 (11). M. Br. Patine foncée.
B. 4 »

1049 — Eléphant monté par un cornac, à g. (17).*TB.* 4 »

1050 — Mêmes types (18). G. Br. *B.* 5 »

1051 — L'Abondance debout, à g. (25). *TB.* 1 50

1052 — Mêmes types (26). G. Br. *B.* 3 »

1053 — R*/*. FELICITAS IMPP. dans une couronne
de laurier (39). *TB.* 6 »

1054 — La Félicité debout, à g. (43). *TB.* 1 50

1055 — Mêmes types (45). M. Br. *B.* 1 50

1056 — R*/*. FIDES EXERCITVS. Quatre enseignes
militaires (50). *TB.* 2 50

1057 — Mêmes types (52). M. Br. *B.* 4 »

1058 — R*/*. FIDES MILIT. La Foi debout, à g. (55).
TB. 1 50

1059 — La Fortune assise, à g. (65). *FDC.* 1 50

1060 — Mêmes types (67). G. Br. *B.* 3 »

1061 — La Libéralité (II) debout, à g. (87). *TB.* 2 »

1062 — R*/*. MILIARIVM SAECVLVM S.C. Cippe
(95). G. Br. *B.* 10 »

1063 — R*/*. NOBILITAS AVGG. Femme debout,
à dr. (98). *TB.* 2 »

1064 — La Paix courant à g. (102). *TB.* à 1 50

1065 — La Paix debout, à g. (103). *TB.* 1 50

1066 — Mêmes types (105). G. Br. *TB.* 5 »

1067 — L'Emp. assis, à g. (120) *TB.* 1 50

1068 — Mêmes types (121). G. Br. Patine foncée. *B.* 4 »

1069 — La Paix debout, à g. (124 et 136). *TB.* à 1 50

1070 — L'Emp. sacrifiant à g. (156). *B.* 3 »

1071 — Rome assise, à g. (165). *TB.* 1 50

1072 — Lion marchant à dr. (173). *B.* 2 »

1073 — La Louve, à g., avec Romulus et Rémus
    (178). *TB.* 2 »
1074 — Cerf marchant à dr. (182). *B.* 1 50 *TB.* 3 »
1075 — Antilope marchant à g. (189). *TB.* 3 »
1076 — Cippe (193). *TB.* 2 »
1077 — Cippe (195). G. Br. *B.* 3 »
1078 — Cippe (197). M. Br. *B.* 3 »
1079 — Temple (198). *TB.* 2 50
1080 — Temple (199). *B.* 3 »
1081 — Temple (204). M. Br. Patine foncée. *B.* 4 »
1082 — La Santé debout, à g. (206). G. Br. *B.* 2 »
1083 — La Santé debout, à dr. (209). *TB.* 2 »
1084 — La Sécurité assise, à g. (215). *TB.* 1 50
1085 — La Tranquillité debout, à g. (223). *TB.* 3 »
1086 — Victoire marchant à dr. (227). *TB.* 1 50
1087 — Mêmes types (228). G. Br. *B.* 2 »
1088 — Victoire marchant à g. (231). *B.* 1 50
1089 — Victoire debout, à g. (235). *TB.* 2 »
1090 — Pallas debout, à g. (239). *TB.* 3 »
1091 — L'Emp. et son fils galopant à dr. (241). *TB.* 5 »
1092 — La Valeur debout, à dr. (244). *TB.* 3 »
1093 — ANTIOCHE. Son buste, à dr. R⁄. ΔΙΜΑΡΧ.
    ΕΞΟΥCΙΑC.ΥΠΑΤΟ.Γ. Aigle éployée, debout,
    à dr., tenant une couronne dans son bec; à
    l'exergue, ANTIOXIA — S.C. Pot. *Fr.* 1 50 *TB.* 10 »
1094 — ANTIOCHE. Son buste, à dr. R⁄. Buste tou-
    relé, à dr. G. Br. *B.* 5 »
1095 — TYR (334). G. Br. *AB.* 4 »
1096 — ALEXANDRIE. Pot. *B.* 2 »
1097 *Otacilie.* La Concorde assise, à g. (4, 9 et 16).
    TB. à 1 25
1098 — Junon debout, à g. (20). *TB.* 2 50
1099 — La Piété debout, à g. (39). *TB.* 1 50
1100 — Mêmes types (40 et 41). G. Br. et M. Br. *B.* à 1 50
1101 — La Piété debout, à g. (43). *TB.* 3 »
1102 — La Pudeur assise, à g. (53). *TB.* 2 50
1103 — Hippopotame, à dr. (63). *TB.* 3 »
1104 — Cippe (68). G. Br. Troué, mais *B.* 1 50

1105 *Philippe fils.* Jupiter debout, à g. (13).   TB.   3   »

1106 --- Les deux Empereurs assis, à g. (16 fr. 60).

     G. Br. Patine foncée.   B.   15   »

1107 — Mêmes types (17).   TB.   4   »

1108 — Mêmes types (18). G. Br.   B.   5   »

1109 --- La Paix debout, à g. (23).   TB.   1 50

1110 — La Paix debout, à g. (27). G. Br.   B.   1   »

1111 — Instruments de sacrifice (32).   TB.   2 50

1112 – L'Emp. debout, à g. (48).   TB.   2   »

1113 — Mêmes types (49 var.). G. Br.   B.   4   »

1114 — L'Emp. debout, à dr. (54).   TB.   2   »

1115 — Chèvre marchant à g. (72).   TB.   1 50

1116 — Chèvre marchant à g. (73). G. Br.   B.   4   »

1117 — Cippe (79). M. Br.   B.   2   »

1118 — Mars marchant à dr. (88).   TB.   2 50

1119 *Trajan Dèce.* L'Abondance debout, à dr. (2). TB.   1 50

1120 — L'Emp. à cheval, à g. (4).   TB.   2 50

1121 — La Dacie debout, à g. (13, 16 et 34).   TB.   à   2   »

1122 — Génie debout, à g. (43, 46 et 49).   TB.   à   1 50

1123 — Les deux Pannonies (82 et 86).   TB.   à   2   »

1124 — Mêmes types (87). G. Br.   B.   5   »

1125 — La Paix debout, à g. (91).   B.   1   »

1126 — R/. VBERITAS AVG. La Fertilité debout, à

     g. (104). Or.   AB.   120   »

1127 — Mêmes types (105).   B.   1 25

1128 — Victoire courant à g. (111).   TB.   1 50

1129 — Mêmes types (117). G. Br.   B.   2   »

1130 — La Valeur assise, à g. (123).   TB.   1   »

1131 *Etruscille.* La Fécondité debout, à g. (8).   TB.   1 50

1132 – La Pudeur debout, à g. (17).   TB.   2   »

1133 --- La Pudeur assise, à g. (19).   TB.   2   »

1134 *Hérennius.* Deux mains jointes (4).   TB.   2   »

1135 — Instruments de sacrifice (14).   TB.   2   »

1136 — L'Espérance marchant à g. (38). B. 1 25 TB.   2   »

1137 — ANTIOCHE. Buste et aigle sur un foudre. Pot.

     B.   5   »

1138 *Hostilien.* Mars marchant à dr. (15).   TB.   4   »

1139 *Trébonien Galle.* L'Emp. à cheval, à g. (2).   B.   3   »

1140 — L'Equité debout, à g. (6). B. 2 »
1141 — L'Eternité debout, à g. (13). TB. 3 »
1142 — L'Abondance debout, à dr. (17). TB. 1 50
1143 — Apollon debout, à g., appuyé sur sa lyre (20). TB. 1 50
1144 — La Félicité debout, à g. (41). TB. 1 50
1145 — Junon assise, à g. (46 et 47). TB. à 1 50
1146 — Temple rond (49). TB. 15 »
1147 — Temple rond (50). G. Br. Rogné. 3 »
1148 — La Liberté debout, à g. (63). TB. 1 25
1149 — Mêmes types (64). G. Br. B. 2 »
1150 — Mêmes types (68). TB. 2 »
1151 — Mars marchant à g. (71). TB. 2 50
1152 — La Paix debout, à g. (76). TB. 1 50
1153 — La Piété debout, à g. (84 et 88). TB. à 1 50
1154 — Temple à six colonnes (111). B. 5 »
1155 — La Santé debout, à g. (117). TB. 2 »
1156 — Victoire debout, à g. (128). TB. 1 50
1157 — R̂. VOTIS, etc., dans une couronne (138). M. Br. AB. 2 »
1158 *Volusien.* L'Emp. à cheval, à g. (2). B. 5 »
1159 — L'Equité debout, à g. (8). TB. 2 »
1160 — La Concorde debout, à g. (20). TB. 2 »
1161 — La Concorde assise, à g. (25). TB. 1 50
1162 — La Concorde assise, à g. (26). G. Br. Patine foncée. B. 5 »
1163 — La Félicité debout, à g. (32). TB. 2 »
1164 — Junon assise dans un temple (43 et 44). TB. 3 »
1165 — Mêmes types (46). G. Br. AB. 3 »
1166 — La Paix debout, à g. (70 et 71). TB. à 1 50
1167 — La Paix debout, à g. (74). G. Br. B. 6 »
1168 — La Piété debout, à g. (88). TB. 2 »
1169 — L'Emp. debout, à g. (92). TB. 1 50
1170 — L'Emp. sacrifiant à g. (94). TB. 1 50
1171 — La Santé debout, à dr. (118). FDC. 2 50
1172 — La Valeur debout, à dr. (133). TB. 1 50
1173 — La Valeur debout, à g. (135). TB. 1 50
1174 *Emilien.* Diane debout, à g. (10). TB. 8 »

1175 — Hercule debout, à dr. (13). | TB. | 8 | »
1176 — Victoire marchant à g. (53). | TB. | 8 | »
1177 *Valérien père.* Apollon debout, à g. (17)[1]. | B. | 1 | 50
1178 — Apollon debout, à dr., tirant de l'arc (25). | TB. | 2 | 50
1179 — La Concorde debout, à g. (36). | B. | 1 | 25
1180 — Mêmes types (40). G. Br. | Rogné. | 3 | »
1181 — Mêmes types (41). M. Br. | *AB.* | 1 | »
1182 — La Félicité debout, à g. (53). | B. | 1 | »
1183 — Mêmes types (58). G. Br. | Rogné. | 4 | »
1184 — La Foi militaire debout, à g. (65 et 71). | B. à | 1 | 25
1185 — Jupiter debout sur un cippe (77). | TB. | 5 | »
1186 — Jupiter debout, à g. (83 et 94). | B. à | 1 | »
1187 — La Joie debout, à g. (101). | B. | 1 | »
1188 — Le Soleil marchant à g. (142). | TB. | 1 | 50
1189 — La Paix debout, à g. (147). | TB. | 1 | 50
1190 — L'Emp. relevant une femme agenouillée (183). | B. | 1 | »
1191 — L'Emp. et une femme (l'Orient) debout (189). | B. | 3 | »
1192 — La Santé debout, à g. (197). | TB. | 1 | 50
1193 — La Santé debout, à dr. (201). | B. | 1 | »
1194 — La Sécurité debout, à g. (204 et 205). | B. à | 1 | 25
1195 — L'Espérance marchant à g. (208). | TB. | 1 | 50
1196 — Victoire debout, à g. (224 et 230). | B. à | 1 | »
1197 — Victoire debout, à g.; à ses pieds, un Parthe assis (255). | B. | 3 | »
1198 — La Valeur debout, à g. (272). | TB. | 1 | 25
1199 — R̷. VOTA ORBIS. Deux Victoires attachant un bouclier à un palmier (279). | B. | 5 | »
1200 — Tyr. Buste et temple (358). G. Br. | B. | 4 | »
1201 *Mariniane.* Son buste diadémé et voilé, à dr., avec le croissant. R̷. Paon, de face, regardant à g. (2). | TB. | 8 | »
1202 — Même pièce, mais le buste sans diadème (3). | B. | 5 | »

1. A partir de Valérien toutes les pièces sont en billon, sauf indication contraire.

1203 — Variété de la pièce précédente, le paon
    regarde à dr. (5).   *B.*   6   »
1204 — Mêmes types (7). G. Br. Rogné comme d'or-
    dinaire.   5   »
1205 — L'Impératrice sur un paon volant à dr. (16).
                                                 B.   8   »
1206 *Gallien.* Saturne debout, à dr. (53).   *B.*   6   »
1207 — Deux mains jointes (125).   *TB.*   2   »
1208 — L'Emp. tendant la main à une femme age-
    nouillée (144).   *B.*   6   »
1209 — Mars debout dans un temple (149).   *TB.*   1 50
1210 — Diane marchant à dr., suivie d'un lévrier
    (170).   *TB.*   2 50
1211 — Diane debout, à dr. (173).   *B.*   1   »
1212 — Son buste lauré et drapé, à dr. R⋲. FIDES
    MILITVM. La Foi debout, à g., tenant deux
    enseignes (234). Or.   *TB.*   80   »
1213 — Aigle sur un globe entre deux enseignes
    militaires (252).   *TB.*   3   »
1214 — Trophée (308 et 314).   *TB.* à   1 50
1215 — R⋲. IO.CANTAB. Jupiter debout, à g. (339).
                                                 B.   12   »
1216 — Jupiter debout sur un cippe (397 et 399). *B.* à 1 50
1217 — Taureau marchant à dr. (512).   *B.*   4   »
1218 — La Libéralité debout, à g. (571).   *TB.*   1 50
1219 — Panthère marchant à g. (586).   *B.*   1 50
1220 — Diane debout, à dr. (600).   *B.*   1 50
1221 — L'Emp. debout, à g., relevant la Gaule (909).
                                                 B.   2   »
1222 — R⋲. S.P.Q.R. OPTIMO PRINCIPI dans une
    couronne (998).   *TB.*   5   »
1223 — R⋲. VICT. GERMANICA. Victoire courant
    à g. (1060).   *TB.*   1   »
1224 — Même pièce, mais la Victoire court à dr.
    (1062).   *B.*   2   »
1225 — Même pièce, avec le buste de l'Emp., à g.
    (1065).   *TB.*   3   »
1226 — GALLIENVS AVG. Son buste radié et cui-

rassé, à dr. ℞. VICTORIA AVG.III. Victoire
marchant à g. (1116). Or.   *FDC.*   130   »

1227 — L'Emp. debout, à dr. (1309).   *TB.*   1 25

1228 — ℞. VIRTVTI AVGVSTI. Hercule debout, à
dr. (1320 var.).   *B.*   3   »

1229 — ALEXANDRIE. Pot.   *TB.*   2   »

1230 — TYR (1482 et 1493). G. Br. et M. Br.   *B.*   à   2   »

1231 *Salonine.* Gallien et Salonine se donnant la main
(31).   *B.*   2   »

1232 — Ségétia dans un temple (36).   *TB.*   1 50

1233 — La Fécondité debout, à g. (39).   *B.*   1   »

1234 — Même pièce, mais le buste sans croissant. Q.
      B.   2   »

1235 — La Félicité assise, à g. (50).   *TB.*   1 50

1236 — Junon debout, à g. (60, 67 et 68).   *TB.*   à   1   »

1237 — La Piété debout, à g. (77 et 78).   *TB.*   à   1   »

1238 — La Piété assise, à g. (84).   *TB.*   1 50

1239 — La Pudeur assise, à g. (94).   *TB.*   1 50

1240 — Vénus assise, à g. (115).   *TB.*   1 25

1241 — Vénus debout, à g. (130).   *TB.*   1   »

1242 — Vénus debout, à dr., appuyée sur une
colonne (134).   *TB.*   1 50

1243 — Vesta assise, à g. (142).   *TB.*   1 50

1244 — ALEXANDRIE. Aigle. Pot.   *TB.*   5   »

1245 — TYR. Apollon (164). G. Br.   *B.*   3   »

1246 *Salonin.* Aigle volant à dr. et enlevant Salonin (5).
      TB.   2   »

1247 — Mêmes types (11). M. Br.   *AB.*   10   »

1248 — P.C.L. VALERIANVS NOB.CAES. Son
buste radié et drapé, à dr. ℞. CONSECRA-
TIO. Autel allumé, orné de deux palmettes.
Variété inédite.   *B.*   15   »

1249 — DII NVTRITORES. Jupiter présentant une
Victoire à Salonin (21).   *B.*   10   »

1250 — Aigle légionnaire entre deux enseignes militaires (24).   *TB.*   10   »

1251 — La Chèvre Amalthée (26).   *TB.*   1 50

1252 — Instruments de sacrifice (41).   *TB.*   1   »

*

1253 — Même type, avec P.C.L. VALERIANVS
NOB. CAES (50). *TB.* 3 »

1254 — Son buste nu et drapé, à dr. R⁄. PRINCIPI
IVVENTVTIS. L'Emp. debout, à g., tenant
une haste et une enseigne (80). Q. *B.* 15 »

1255 · Salonin et l'Espérance debout, en face l'un de
l'autre (95). *B.* 2 »

1256 *Valérien fils.* Vulcain dans un temple (2). *TB.* 3 »

1257 — Le Soleil debout, à g. (5). *TB.* 2 50

1258 - Le Soleil marchant à g. (6). *TB.* 2 »

1259 *Macrien jeune.* L'Équité debout, à g. (1). *TB.* 18 »

1260 — Jupiter assis, à g. (8). *TB.* 16 »

1261 *Quiétus.* Jupiter assis, à g. (8). *B.* 15 »

1262 -- Rome assise, à g. (11). *B.* 18 »

1263 *Postume.* La Félicité debout, à g. (39). *TB.* 1 »

1264 — La Foi assise, à g. (60). *B.* 1 »

1264 -- La Foi debout, à g. (74). G. Br. *B.* 3 »

1265 — La Fortune debout, à g. (80). *TB.* 1 25

1266 — Hercule debout, à dr. (91). *TB.* 1 50

1267 · Hercule debout, à g. (101). *TB.* 1 50

1268 — Hercule debout, à g. G. Br. Fabr. barbare. *B.* 3 »

1269 — IMP.C. POSTVMVS P.F. AVG. Son buste
radié et drapé, à dr. Revers pareil au droit
(142). *TB.* 15 »

1270 — Vaisseau (167). *TB.* 1 50

1271 — Vaisseau (177). G. Br. *B.* 3 »

1272 — Vaisseau. M. Br. à légende barbare. *B.* 8 »

1273 — Mercure debout, à g. (192). *TB.* 2 »

1274 - Minerve courant à g. (195). *TB.* 1 »

1275 -- La Monnaie debout, à g. (199). *TB.* 1 »

1276 -- Le Soleil marchant à g. (213). *TB.* 1 »

1277 — Buste du Soleil, à dr. (214). *B.* 4 »

1278 — La Paix, à g. (220 et 227). *TB.* à 1 »

1279 -- La Piété debout, à g., tenant deux enfants
dans ses bras; de chaque côté encore un enfant (230). *TB.* 5 »

1280 — L'Emp. debout, à g. (243). *TB.* 1 »

1281 — Variété (262 var.). G. Br. *B.* 4 »

1282 — Mars marchant à dr. (273). *TB.* 2 »
1283 — La Providence debout, à g. (295). *B.* 1 25
1284 — L'Emp. relevant la Gaule agenouillée (321).
G. Br. *B.* 6 »
1285 — L'Emp. debout, à dr. (331). *TB.* 1 »
1286 — Esculape debout, de face (336 et 348). *TB.* à 1 50
1287 — La Santé debout, à g. (339). *TB.* 1 50
1288 — Le Rhin couché à g. (355). *B.* 1 50
1289 — Sérapis debout, à g. (358 et 360). *TB.* à 1 25
1290 — La Fertilité debout, à g. (65). *B.* 1 »
1291 — Victoire marchant à g.; à ses pieds, un captif
(377). *TB.* 1 »
1292 — Mêmes types (383). G. Br. *B.* 6 »
1293 — Deux Victoires attachant un bouclier à un
palmier (402). M. Br. *AB.* 1 50
1294 — Mars debout, à dr. (419). *TB.* 1 »
1295 — Mars debout, à dr. (421 et 423). G. Br. *B.* à 2 »
1296 *Lélien.* La Victoire courant à dr. (4). B. 12 » *TB.* 16 »
1297 *Victorin père.* L'Équité debout, à g. (8). *B.* 1 50
1298 — La Foi militaire debout, à g. (37). *B.* 1 50
1299 — Le Soleil marchant à g. (47). *TB.* 1 50
1300 — La Paix debout, à g. (79, 83 et 85). *B.* à 1 »
1301 — La Piété debout, à g. (90). *TB.* 1 »
1302 — La Santé debout, à dr. (112). *B.* 1 »
1303 *Marius.* Son buste radié, à dr. R⁄. CONCORDIA
MILITVM. Deux mains jointes (4). P. Br. *TB.* 10 »
1304 — Variété avec CONCORD. MILIT. (8). P. Br.
B. 8 »
1305 *Tétricus père.* L'Allégresse debout, à g. (54). P.
Br. *TB.* 1 50
1306 — La Paix debout, à g. (101). P. Br. Frappé
sur un flanc épais. *B.* 5 »
1307 — La Santé debout, à g. (154). P. Br. *B.* 1 »
1308 — La Paix debout, à g. (33). P. Br. *TB.* 1 »
1309 — L'Espérance marchant à g. (87 et 97). P. Br.
TB. à 1 »
1310 *Claude II.* L'Emp. à cheval, à g. (3). P. Br. *B.* 1 50

1311 — .DIVO CLAVDIO GOTHICO. Sa tête
radiée, à dr. R⃑. Autel (53). P. Br. B. 2 »
1312 — La Foi militaire debout, à g. (88). P. Br. *TB.* I »
1312 — La Joie debout, à g. (138). P. Br. *TB.* I »
1313 — Mars marchant à dr. (159). P. Br. B. I »
1314 — DIVO CLAVDI (*sic*) OPTI. IMP. Sa tête
laurée, à dr. R⃑. Aigle (174). P. Br. Q. *TB.* 4 »
1315 — La Santé debout, à g. (265). P. Br. *TB.* 2 »
1316 — R⃑.VICTOR.GERMAN.Trophée(289-20fr.).
B. 10 »
1317 — ALEXANDRIE. Pot. B. I »
1318 *Quintille*. La Concorde debout, à g. (8 et 10). P.
Br. *TB.* à 3 »
1319 — La Sécurité debout, à g. (63). P. Br. *TB.* 2 »
1320 — Victoire marchant à g. (71). P. Br. B. I 50
1321 *Aurélien*. La Concorde debout, à g. (19 et 22).
TB. à I »
1322 — L'Emp. et Séverine se donnant la main (35).
M. Br. *TB.* 6 »
1323 — Mêmes types (60 et 61). P. Br. *TB.* à 0 75
1324 — Deux femmes debout (52). P. Br. *TB.* 2 »
1325 — La Fortune debout, à g. (98). P. Br. *TB.* I 50
1326 — La Fortune assise, à g. (95). P. Br. *TB.* 0 50
1327 — Le Soleil et l'Emp. debout, en face l'un de
l'autre (105). P. Br. *TB.* 0 50
1328 — Le Soleil debout, de face; à ses pieds, un
captif assis (140, 143 et 145). P. Br. *TB.* 0 50
1329 — Le Soleil marchant à g. (153 et 154). P. Br.
TB. à 0 75
1330 — Le Soleil marchant à dr. (159). P. Br. *TB.* I 50
1331 — L'Emp. sacrifiant; en face de lui, un soldat
debout (170-10 fr.). P. Br. B. 3 »
1332 — La Foi militaire debout, à dr.; en face, le
Soleil (183). P. Br. *TB.* I »
1333 — Femme debout, à dr., présentant une couronne à l'Empereur (201 et 202). P. Br. B. à 0 75
1334 — Victoire présentant une couronne à l'Empereur (208). P. Br. B. 2 »

1335 — L'Empereur en présence de Rome assise (219). P. Br. *TB.* 1 »

1336 — Le Soleil debout, de face (233). P. Br. *B.* 1 »

1337 — Types du n° 1329 (234). P. Br. *TB.* 0 75

1338 — Victoire courant à g. (255). P. Br. *TB.* 1 »

1339 *Séverine.* La Concorde debout, à g. (7). P. Br. *FDC.* 2 »

1340 — Junon debout, à g. (9). M. Br. *B.* 6 »

1341 — La Foi militaire et le Soleil, en face l'un de l'autre (12). P. Br. *B.* 1 »

1342 — Vénus debout, à g. (14). P. Br. *TB.* 1 50

1343 *Vabalathe et Aurélien.* Leurs bustes (1). P. Br. *B.* 8 » *FDC.* 12 »

1344 — Alexandrie. Pot. *B.* 2 »

1345 *Tacite.* L'Équité debout, à g. (7). *TB.* 1 50

1346 — Mars debout, à g. (15). P. Br. *B.* 1 »

1347 — La Clémence debout, à g. (16). P. Br. *TB.* 1 50

1348 — L'Empereur et la Concorde se donnant la main (24). P. Br. *TB.* 1 50

1349 — La Félicité debout, à g. (38). P. Br. *B.* 1 »

1350 — La Joie debout, à g. (52). P. Br. *FDC.* 2 »

1351 — La Paix, à g. (70, 72, 77 et 81). P. Br. *B.* à 1 »

1352 — La Providence debout, à g. (86 et 90). P. Br. *B.* 1 » *FDC.* 2 »

1353 — La Santé debout, à dr. (126). P. Br. *TB.* 1 50

1354 — L'Espérance marchant à g. (137 et 138). P. Br. *TB.* 1 50 *FDC.* 2 »

1355 — La Félicité debout, à g. (144 et 145). P. Br. *TB.* 1 50

1356 — Victoire debout, à g. (157). P. Br. *B.* 1 50

1357 — La Valeur debout, à g. (172 var.). P. Br. *B.* 1 50

1358 — Alexandrie. Pot. *B.* 1 50

1359 *Florien.* L'Équité debout, à g. (1). P. Br. *B.* 2 50

1360 — L'Éternité debout, à g. (3). P. Br. *TB.* 3 »

1361 — La Félicité debout, à g. (89). P. Br. *TB.* 3 »

1362 — Mars marchant à dr. (104 et 105). P. Br. *TB.* à 3 »

1363 *Probus.* L'Empereur à cheval, à g. (37 et 39). P. Br. *TB.* à 1 »

1364 — Minerve debout, à g. (106). P. Br. *TB.* 1 50
1365 — Jupiter debout, à g. (305 et 323). P. Br. *TB.* à 1 50
1366 — Mars marchant à dr. (334, 337, 343 et 352).
  P. Br. *TB.* à 1 50
1367 — La Paix debout, à g. — La Providence
  debout, à g. P. Br. *TB.* à 0 75
1368 — Temple (530 et 531). P. Br. *TB.* à 1 50
1369 — La Sécurité debout, à g. (613 et 617). P. Br.
    TB. à 1 25
1370 — Le Soleil dans un quadrige, à g. (642, 648,
  662). P. Br. *TB.* à 1 »
1371 — Le Soleil dans un quadrige, de face (682).
  P. Br. *TB.* 1 50
1372 — Trophée (773). P. Br. *TB.* 1 »
1373 — Mars marchant à dr. (811). P. Br. *TB.* 10 »
1374 — La Valeur debout, à g. (816 et 819). P. Br.
    TB. à 1 »
1375 — Mars marchant à dr. (889 var.). P. Br. *TB.* 1 50
1376 — L'Empereur galopant à g. (930). P. Br. *TB.* 1 50
1377 — ALEXANDRIE. Pot. *TB.* 1 »
1378 *Carus.* Le Soleil marchant à g. (11). P. Br.*FDC.* 1 50
1379 — Aigle (18). P. Br. *TB.* 1 50
1380 — La Paix debout, à g. (48 et 56). P. Br. *TB.* 1 50
1381 — La Providence debout, à g. (67). — L'Espérance marchant à g. (79). — La Victoire marchant à g. (93). — Mars debout, à g. (110).
  P. Br. *TB.* à 1 25
1382 *Numérien.* R⳹. CONSECRATIO. Autel (12).
  P. Br. *TB.* 4 »
1383 — Jupiter debout, à g. (16 et 17). P. Br. *TB.* à 1 50
1384 — Mars marchant à dr. (21). P. Br. *TB.* 1 50
1385 — Mercure debout, à g. (57). P. Br. *FDC.* 2 »
1386 — L'Empereur debout, à g. (68 et 79). P. Br.
    B. 1 » *FDC.* 2 »
1387 *Carin.* L'Équité debout, à g. (3, 6 et 8). P. Br.
    B. 1 » *FDC.* 3 »
1388 — L'Éternité debout, à g. (10). — La Félicité
  debout, à g. (24). P. Br. *TB.* à 1 50

1389 — La Foi militaire debout, à g. (28 et 30). P. Br.
TB. à 1 50

1390 — Instruments de sacrifice (74). P. Br. *FDC.* 3 »

1391 — L'Empereur debout, à g. (92 et 107). P. Br.
FDC. à 3 »

1392 — Variété de la pièce précédente, avec M. AVR.
KARINVS NOBIL. CAES (106 var.). P. Br.
B. 3 »

1393 — L'Empereur debout, à dr. (115 et 120). P. Br.
TB. à 2 »

1394 — ALEXANDRIE. Potin. TB. 2 »

1395 *Magna Urbica.* Ŗ. VENVS GENETRIX. Vénus
debout, à g. (11). P. Br. TB. 16 »

1396 — Ŗ. VENVS VICTRIX. Vénus debout, à g.
(17). P. Br. B. 8 »

1397 *Dioclétien.* — L'Abondance debout, à dr. (4). —
Pallas debout, à g. (21). P. Br. TB. 2 »

1398 — Le Génie debout, à g. M. Br. Plusieurs variétés. TB. à 1 »

1399 — Même pièce fr. à Alexandrie (114). M. Br. TB. 3 »

1400 — Hercule debout, à g. (137). P. Br. TB. 1 50

1401 — Jupiter, à g. (147, 153, 171, 180, 184, 198,
199 et 214). P. Br. TB. à 0 75

1402 — Jupiter debout, à g. (227). P. Br. Q. TB. 8 »

1403 — Jupiter debout, à g. (272). Or. TB. 90 »

1404 — Le Soleil debout, à g. (354). P. Br. TB. 3 »

1405 — La Paix marchant à g. (356). P. Br. TB. 3 »

1406 — La Paix debout, à g. (372). P. Br. TB. 1 »

1407 — Lion radié marchant à g. (383). P. Br. B. 4 »

1408 — La Providence debout, à g. (410). P. Br. *FDC.* 2 »

1409 — Femme debout; en face d'elle, la Providence
(422). M. Br. B. 1 50

1410 — La Sécurité (450 et 455). P. Br. TB. à 1 50

1411 — ALEXANDRIE. Pot. TB. 1 »

1412 *Maximien Hercule.* Temple (64). M. Br. B. 1 50

1413 — L'Afrique debout, à g. (92). B. 10 »

1414 — Le Génie debout, à g. (179, 189, 198 et 223).
M. Br. TB. à 1 »

1415 — Hercule debout, à g. (269, 278 et 280). P.
Br.   *TB.* à 0 50
1416 — Jupiter, à g. (323, 332 et 362). P. Br. *TB.* à 0 50
1417 — Lion marchant à dr. (400). P. Br. Q.   *TB.*   2 »
1418 — La Paix debout, à g. (436, 438, 442, 448 et
456). P. Br.   *TB.* à 0 50
1419 — La Monnaie debout, à g. (502 et 503). M. Br.
B. à 1 »
1420 — La Santé debout, à dr. (525). P. Br.   *TB.*   0 75
1421 — Hercule debout, à dr. (564 et 575). P. Br. *TB.* à 0 75
1422 — Quatre soldats sacrifiant devant la porte d'un
camp (622).   *TB.*   10 »
1423 — Hercule étouffant un lion (647). P. Br. *TB.*   1 50
1424 — R⳹. VOTIS X. Dioclétien et Maximien sacrifiant (670). P. Br.   *B.*   1 50
1425 — R⳹. VOTIS XXX dans une couronne (673).
P. Br. Q.   *TB.*   5 »
1426 — R⳹. VOT.X.M.XX dans une couronne
(678 fr. 20). P. Br.   *TB.*   10 »
1427 — Alexandrie. Pot.   *TB.*   1 »
1428 *Carausius.* La Paix debout, à g. (209 et **222**) P.
Br.   *B.*   6 »
1429 — Temple (298-40 fr.). P. Br.   *AB.*   10 »
1430 — R⳹. TVTELA. Femme debout, à g. (353).
P. Br.   *B.*   10 »
1431 *Allectus.* La Foi militaire debout, à g. (8). P. Br.
AB.   4 »
1432 — La Paix debout, à g. (31). P. Br.   *B.*   6 »
1433 — La Providence debout, à g. (55). P. Br. *TB.*   10 »
1434 — Vaisseau (81). P. Br.   *B.*   8 »
1435 *Domitien.* Le Génie du peuple romain debout,
à g. (1). M. Br. retouché.   15 »
1436 *Constance Chlore.* R⳹. AETERNAE MEMORIAE.
Temple (6-20 fr.). M. Br.   *B.*   8 »
1437 — Pallas debout, à g. (12). P. Br.   *TB.*   5 »
1438 — Le Génie debout, à g. (72 et 83). M. Br. *TB.* à 1 »
1439 — Temple (171). M. Br.   *B.*   1 50
1440 — Autel (181); Aigle (186 et 187). P. Br. Q. *B.* à 1 25

1441 — La Monnaie debout, à g. (202 et 264). M. Br.
B. à 1 »

1442 -- Le Soleil debout, à g. (210). P. Br.   TB.   1 50

1443 — L'Empereur voilé assis, à g. (253-10 fr.). P.
Br. Q.   B.   4 »

1444 — Soldat debout, à g. (294). P. Br.   TB.   1 50

1445 — ALEXANDRIE. Pot.   B.   1 50

1446 *Hélène.* FL.IVL..HELENAE AVG. Son buste,
à dr. R⁄. GLORIA EXERCITVS. Deux soldats
tenant deux hastes et deux enseignes; à
l'exergue, PLC. P. Br. inédit.   B.   35 »

1447 — La Paix debout, à g. (3). P. Br. Q. *B.* 1 » *TB.*   2 »

1448 — La Sécurité debout, à g. (12). P. Br.
B. 1 » TB.   2 »

1449 — HELENA N.F. Son buste, à dr., les cheveux
ondulés. R⁄. Etoile dans une couronne
(14-100 fr.). P. Br.   TB.   30 »

1450 *Théodora.* La Piété debout, à g. (4). P. Br. Q. *B.*   2 »

1451 *Galère Maximien.* Le Génie debout, à g. (93 et
94). M. Br.   TB. à   1 50

1452 — Le Soleil marchant à g. (155). P. Br.   TB.   2 »

1453 — Le Soleil marchant à g. (159 var., avec GAL.
VAL.MAXIMIANVS NOB.C.). P. Br.   TB.   4 »

1454 — La Providence assise, à g. (182). P. Br. *FDC.*   3 »

1455 — La Sécurité debout, de face, appuyée à une
colonne (194). P. Br.   FDC.   2 50

1456 — Mars marchant à dr. (212). M. Br.   FDC.   10 »

1457 *Valérie.* Vénus debout, à g. (2). M. Br.   TB.   9 »

1458 *Sévère II.* L'Empereur recevant une Victoire de
Jupiter (7). P. Br.   TB.   8 »

1459 *Maximin II Daza.* Le Génie debout, à g. (35, 40,
49, 55 et 92). M. Br. Selon la rareté et la
conservation   1 à 3 »

1460 — Femme debout, de face (150). M. Br.   B.   2 »

1461 *Maxence.* Castor et Pollux (51). M. Br.   B.   1 »

1462 — Rome assise dans un temple (21 et 27). M.
Br.   TB. à 1 »

1463 — L'Empereur et Rome dans un temple (42).
M. Br.   B.   1 50
1464 — L'Afrique debout, à g. (46). M. Br.   *FDC.*   10   »
1465 — La Louve, à g., avec Romulus et Rémus
(100). M. Br.   B.   6   »
1466 — Victoire debout, à dr., écrivant sur un bouclier (123). P. Br.   B.   3   »
1467 *Romulus.* AETERNAE MEMORIAE. Temple (6).
M. Br.   *B.* 8 » *TB.*   12   »
1468 — Mêmes types (7). P. Br.   *B.* 4 » *TB.*   8   »
1469 *Licinius père.* Le Génie du peuple romain debout,
à g. P. Br.   B.   0 50
1470 — Jupiter debout, à g. (66, 74, 91 et 116). P. Br.
                                               B. à   1
1471 — Le Soleil debout, de face (163). P. Br. *B.*   1 50
1472 — Etendard entre deux captifs. P. Br.   *B.*   1   »
1473 *Licinius fils.* Jupiter debout, à g. (21 et 30). P.
Br.   *TB.* à   1 50
1474 — Porte de camp (43). Deux Victoires posant
un bouclier sur un cippe (51). P. Br.   *B.* à   1   »
1475 *Constantin le Grand.* Autel. P. Br.   *TB.*   1   »
1476 — Temple (73). M. Br.   *TB.* 2 » *FDC.*   4   »
1477 — Couronne de laurier (123 et 128). P. Br. *TB.* à 0 50
1478 — Le Génie debout, à g. (196). M. Br.   *TB.*   1 50
1479 — Mars, à dr. (358, 359 et 364). M. Br. *TB.* à   1 50
1480 — L'Empereur debout, à g. (447). M. Br. *TB.*   1 50
1481 — Porte de camp (454). P. Br.   *TB.*   0 50
1482 — Victoire marchant à dr. (487). P. Br. *TB.*   0 50
1483 — Le Soleil debout, à g. (48, 508, 526, 530,
536 et 537). P. Br.   *TB.* à   0 50
1484 — Buste du Soleil, à dr. (511 et 514). P. Br. *TB.* à 1 50
1485 — Etendard entre deux captifs (689 et 690). P.
Br.   *TB.* à   0 75
1486 — La Piété debout, à g. (716). P. Br. Q. *TB.*   1 50
1487 — Constantin dans un quadrige, à dr. (760). P.
Br. Q.   *TB.*   1 50
1488 — Buste casqué de Constantinople, à g. R/. Victoire debout, à g. (21). 2 var.   *TB.* à   0 50

1489 — Mêmes types (22). P. Br. Q.   *B.*   4   »

1490 — Buste casqué de Rome, à g. R⁄. La Louve avec Romulus et Rémus (17). P. Br.   *TB.*   0 50

1491 *Fauste.* Fauste debout, à g. (15). P. Br.   *TB.*   3   »

1492 — FAVSTA N.F. Son buste, à dr., les cheveux ondulés. R⁄. Etoile dans une couronne (25). P. Br.   *TB.*   70   »

1493 *Crispe.* Autel (5). — VOT.X dans une couronne (41). — Jupiter debout, à g. (77). — Porte de camp (115). P. Br.   *TB.* à   1   »

1494 *Delmace.* Deux soldats (11). P. Br.   *TB.*   6   »

1495 *Hannibalien.* R⁄. SECVRITAS PVBLICA. L'Euphrate couché, à dr. (2). P. Br.   *B.*   20   »

1496 *Constantin II le Jeune.* Autel (11 et 16). P. Br. *TB.* à   1   »

1497 — VOTIS. V dans le champ (35). P. Br.   *B.*   1   »

1498 — Jupiter debout, à g. (133, 134 et 135). P. Br. Selon la conservation.   2 à 4   »

1499 — L'Empereur debout, à dr. (143). — Porte de camp (165). P. Br.   *TB.* à   1 50

1500 — Porte de camp (232). P. Br.   *TB.*   6   »

1501 *Constant I.* Deux soldats (50 et 59). P. Br.   *TB.* à   1   »

1502 — La Sécurité debout, de face (102). P. Br. Q.   *B.*   2   »

1503 — Victoire marchant à g. (156). Troué.   2   »

1504 — R⁄. VOT.XX.MVLT.XXX dans une couronne (197). P. Br. Q.   *TB.*   1   »

1505 *Constance II.* Deux soldats (92, 95, 100 et 105). P. Br.   *TB.* à   0 75

1506 — Porte de camp (167). P. Br. saucé.   *TB.*   1 50

1507 — R⁄. VICTORIA AVGVSTORVM. Victoire assise, à dr., écrivant VOT.XXX sur un bouclier soutenu par un génie ailé (245). Or. *TB.*   30   »

1508 — Variété de la pièce précédente (254). Or. *B.*   22   »

1509 — R⁄. VOT.XX.MVLT.XXX. dans une couronne (335). P. Br. Q.   *TB.*   1 50

1510 — R⁄. VOT.XXXX. dans une couronne (337).   *B.*   8   »

1511 — R̷. VOTIS XXX. MVLTIS XXXX. dans
une couronne (342).   *TB.*   5   »

1512 — Même pièce plus petite (343).   *B.*   2   »

1513 *Magnence.* L'Empereur galopant à dr., et s'apprê-
tant à frapper un ennemi à genoux (20). M.
Br.   *B.*   5   »

1514 — Monogramme du Christ (31). M. Br.   *B.*   3   »

1515 — Monogramme du Christ. M. Br. d'un style
barbare.   *AB.*   5   »

1516 — Deux Victoires tenant une couronne (69). P.
Br.   *TB.* 2 50 *B.*   1 25

1517 *Décence.* Deux Victoires tenant une couronne
(34). P. Br.   *TB.*   3   »

1518 — Deux Victoires posant une couronne sur un
cippe (44 et 46). P. Br.   *TB.*   3   »

1519 *Constance Galle.* Soldat frappant un ennemi tombé
par dessus son cheval (10). P. Br.   *TB.*   3   »

1520 *Julien le Philosophe.* Soldat frappant un ennemi
tombé avec son cheval (13, 18 et 21). P. Br.*B.* à   1 50

1521 — Le bœuf Apis debout, à dr. (38 et 39). G. Br.
B. à   3   »

1522 — Buste de Sérapis, à dr. R̷. Harpocrate debout,
à g.   *B.*   6   »

1523 — R̷. VOT.V.MVLT.X. dans une couronne
(141).   *B.*   3   »

1524 — R̷. VOT.X.MVLT.XX. dans une couronne
(148).   *B.*   5   »

1525 — Mêmes types, avec le buste, à g. (151). P.
Br.   *B.*   2   »

1526 *Hélène.* Isis dans un char traîné par deux mules,
à g. (15). P. Br. Q.   *TB.*   16   »

1527 *Jovien.* R̷. VOTA PVBLICA. Isis debout, à dr.,
sur un vaisseau (28). P. Br. Q.   *B.*   25   »

1528 — R̷. VOT.V. dans une couronne (31). P. Br.
B.   2   »

1529 — R̷. VOT.V.MV.LT.X. dans une couronne
(37). P. Br.   *B.*   15   »

1530 *Valentinien I*. R⩲. RESTITVTOR REIPVBLICAE. L'Empereur debout, à g. (28). Or.   *TB.*   22   »

1531 — L'Empereur debout, à g. (19).   *TB.*   10   »

1532 — Victoire marchant à g. (37). P. Br.   *B.*   1   »

1533 *Valens*. L'Empereur trainant un captif, à dr. (11). — Victoire marchant à g. (47). P. Br.   *B.* à   1   »

1534 — R⩲. VRBS ROMA. Rome assise, à g. (109).   *TB.*   6   »

1535 — Type du n° 1529 (91).   *B.*   5   »

1536 *Gratien*. R⩲. PRINCIPIVM IVVENTVTIS. L'Empereur debout, à dr., tenant une haste et un globe (28). Or.   *TB.*   45   »

1537 — L'Empereur relevant une femme agenouillée (30). M. Br.   *B.*   1   50

1538 — La même pièce, frappée sur une monnaie de Constantin le Grand; à l'exergue, LVGS.   *B.*   4   »

1539 — Même pièce, d'un style barbare.   *B.*   2   »

1540 — Victoire marchant à g. (34). P. Br.   *B.*   1   25

1541 — R⩲. VIRTVS ROMANORVM. Rome assise, de face (56).   *TB.*   8   »

1542 — Légende dans une couronne (77). P. Br. Q.   *B.*   2   »

1543 — R⩲. VRBS ROMA. Rome assise, à g. (86 et 87).   *TB.* à   7   »

1544 *Valentinien II*. Victoire marchant à g. (30 et 32). P. Br.   *TB.* à   1   25

1545 — Victoire marchant à g. (40).   *B.*   5   »

1546 — VIRTVS ROMANORVM. Rome assise, à g. (61).   *TB.*   8   »

1547 — VOT. PVB. Porte de camp (65). P. Br. Q. *B.*   8   »

1548 — Légende dans une couronne (73). P. Br. Q.   *B.*   1   »

1549 *Théodose*. R⩲. CONCORDIA AVGGA. Constantinople assise, de face (7). Or.   *TB.*   22   »

1550 — L'Empereur debout, de face (18). — L'Empereur relevant une femme agenouillée (27). M. Br.   *B.* à   1   50

1551 — L'Empereur debout et la Victoire assise, sur un vaisseau (19). M. Br. *TB.* 3 »

1552 — Théodose, Gratien et Valentinien jeune debout, tenant tous les *trois* une haste (24 var.). P. Br. *B.* 3 »

1553 — Victoire marchant à g., traînant un captif par les cheveux (30). P. Br. Q. *B.* 1 »

1554 — R⫣. VICTORIA AVGVSTORVM. Victoire marchant à dr. (47). Or triens. *B.* 16 » *TB.* 20 »

1555 - L'Empereur debout, à dr. (54). M. Br. *B.* 1 »

1556 — R⫣. VOT.X.MVLT.XX. dans une couronne (68). P. Br. Q. *B.* 1 »

1557 *Flaccille.* Victoire assise, à dr., écrivant sur un bouclier (5). P. Br. Q. *B.* 6 »

1558 — Flaccille debout, de face (6). M. Br. *B.* 8 »

1559 *Maxime.* R⫣. SPES ROMANORVM. Porte de camp (7). P. Br. Q. *TB.* 4 »

1560 — L'Empereur debout, à g. (10). M. Br. *B.* 1 50

1561 — Types du n° 1541 (20). *TB.* 8 »

1562 *Victor.* Types du n° 1559 (3). P. Br. Q. *B.* 6 »

1563 *Eugène.* R⫣. VICTORIA AVGG. Victoire marchant à g. (8). P. Br. Q. *B.* 10 »

1564 *Honorius.* L'Empereur debout (20). M. Br. *B.* 1 50

1565 — R⫣. VICTORIA AVGGG. L'Empereur debout, à dr., posant le pied gauche sur un ennemi couché (44). Or. *FDC.* 25 »

1566 — Rome assise, à g. (59). *TB.* 8 »

1567 — L'Empereur debout, de face (72). P. Br. *B.* 1 50

1568 *Jovin.* R⫣. VICTORIA AVGG. Rome assise, à g.; à l'exergue, SMLDV (4). P. Br. *B.* 16 »

1569 *Jean.* Son buste, à dr. Revers du n° 1565 (4). Or. *B.* 100 »

1570 — Victoire marchant à dr. (8). P. Br. inédit. *B.* 20 »

1571 *Valentinien III.* Victoire marchant à g. (12). P. Br. Q. *B.* 15 »

1572 — R⫣. VOT. PVB. Porte de camp (36). P. Br. Q. *B.* 15 »

1573 *Avite.* D.N. AVITHVS P.F.AVG. Son buste,

à dr. R⁄. SALVS REIPVBLICAE. Victoire
marchant à g., tenant un captif par la tête. P.
Br. Q. inédit. *B.* 20 »

1574 — R⁄. Croix dans une couronne (14). P. Br. Q.
B. 15 »

1575 *Majorien*. L'Empereur debout, tenant un captif
par les cheveux (3). P. Br. Q. *B.* 8 »

1576 — Victoire debout, à g., tenant une couronne
(5). P. Br. Q. *B.* 15 »

1577 — Victoire debout, à g., tenant une grande
croix (10). Arg. Q. *B.* 15 »

1578 — Croix dans une couronne de laurier (16 var.
et 19). Or triens. *B.* à 30 »

1579 *Sévère III*. Victoire debout, à g. (5). Or triens.*B.* 10 »

1580 — L'Empereur debout, de face (8). Or. *B.* 20 »

1581 — Monogramme du Christ (17 var.). P. Br. Q.
légèrement retouché. *B.* 6 »

1582 *Anthème*. Son buste, à dr. R⁄. Monogramme
dans une couronne (1). P. Br. *B.* 20 »

1583 — R⁄. Croix dans une couronne (21). P. Br. Q.
inédit. *TB.* 30 »

EMPIRES D'ORIENT [1]

1584 *Arcadius*. Types du n° 1565 (18). Sou d'or. *TB.* 25 »
1585 — Rome assise, à g. (27). *TB.* 6 »
1586 — L'Empereur couronné par la Victoire. P. Br.
B. 2 »
1587 — Victoire courant à g. P. Br. *B.* 2 »
1588 L'Empereur debout, à g. (35). M. Br. *B.* 2 50
1589 *Marcien*. Buste casqué, de face. R⁄. Victoire
debout, à g., tenant une longue croix (4). Sou
d'or. *TB.* 28 »
1590 *Léon I*. Mêmes types (4). Sou d'or. *TB.* 25 »

---

1 Les numéros cités entre parenthèses se rapportent à l'ouvrage de Sabatier,
Monnaies byzantines.

1591 — Victoire marchant à dr. Or triens fr. à Ravenne.
  B. 10 »
1592 — Croix dans une couronne (10). Or triens. B. 12 »
1593 *Zénon*. Types du n° 1589 (20). Sou d'or. TB. 25 »
1594 — Victoire assise, à dr. (3-70 fr.). Or. Demi-
  sou. AB. 20 »
1595 *Anastase*. Victoire debout, de face (5). Or triens.
  B. 12 » FDC. 18 »
1596 — Indice M entre deux étoiles. G. Br. et M. Br.
  B. à 3 »
1597 *Justin I*. Types du n° 1595 (4). Or triens. TB. 12 »
1598 — Buste et CN dans une couronne (9). TB. 8 »
1599 — Buste et bK dans une couronne (18 var.).
  Troué. B. 4 »
1599 — Indice I B (56), et autres petits bronzes à
  types variés. B. à 1 »
1600 *Justinien I*. Buste, de face. R⁊. Victoire debout, de
  face (3). Sou d'or. FDC. 25 »
1601 — Victoire marchant à dr. (6). Or triens. B. 10 »
1602 — L'Empereur debout, de face (8-150 fr.). B. 20 »
1603 — R⁊. VOT.MVLT.HTI. dans une couronne
  (10). TB. 10 »
1604 — Monogramme du Christ dans une couronne
  (11). TB. 10 »
1605 — PKE dans une couronne (18). B. 8 »
1606 — Indice I (94 et 97). Br. fr. à Carthage. B. à 1 50
1607 *Justinien et Baduela*. Buste de Justinien, à dr.
  R⁊. Monogramme de Baduela dans une couronne (17-100 fr.). TB. 25 »
1608 — Buste de Justinien, à dr. R⁊. D.N. BADV
  ILA REX dans une couronne (16). TB. 25 »
1609 *Justinien et Witiges*. Avers précédent. R⁊. D.N.
  VVIT IGES REX dans une couronne (1). TB. 25 »
1610 *Athalaric*. Buste de Rome, à dr. R⁊. Le Roi debout, à dr. (3). Br. TB. 5 »
1611 *Athalaric avec Justinien I*. Buste de Justinien, à
  dr. R⁊. Monogramme d'Athalaric (12). Br. B. 3 »

1612 *Gélamir.* Son buste, à dr. ℞. DN-L dans une
  couronne (1-150 fr.).   *B.* 35 »

1613 *Justin II.* Buste, de face. ℞. Victoire assise, de
  face (1). Sou d'or.   *TB.* 25 »

1614 *Maurice Tibère.* Indice I (22). -- Croix (50). Br.
              TB. à 2 »

1614 *bis.* -- Sou d'or.   *B.* 16 »

1615 *Focas.* Buste, de face. ℞. Victoire debout, de face
  (1). Sou d'or.   *FDC.* 25 »

1616 *Héraclius.* Buste, à dr. ℞. Croix dans une couronne (15). Demi-silique.   *TB.* 10 »

1617 *Héraclius et Héraclius Constantin.* Leurs bustes,
  de face. ℞. Croix (48 *bis*). Sou d'or. *FDC.* 28 »

1618 -- Mêmes types (50). Sou d'or sur flanc épais.
               TB. 22 »

1619 *Les mêmes, avec Héracléonas.* Les trois personnages
  debout, de face. ℞. Croix (106). Sou d'or
  troué.   *TB.* 25 »

1620 *Constant II, Constantin Pogonal, Héraclius et Ti-*
  bère. Deux bustes, de faces. ℞. Croix entre
  deux personnages debout (18). Sou d'or. *TB.* 30 »

1621 *Constantin IV Pogonat.* Buste casqué, de face.
  ℞. Croix (20). Sou d'or.   *TB.* 28 »

1622 -- Buste, à dr. ℞. Croix sur un globe (22).
  Demi-sou d'or. *B.* 10 » *TB.* 12 »

1623 *Léon III et Constantin IV.* Leurs bustes, de face
  (14). Sou d'or.   *TB.* 25 »

1624 *Basile I et Constantin IX.* Deux personnages en
  buste, de face, tenant une croix. ℞. Le Christ
  assis, de face (5). Sou d'or. *TB.* 35 »

1625 *Léon IV et sa famille.* Deux bustes, de face, de
  chaque côté. Sou d'or.   *TB.* 45 »

1626 -- Deux bustes, de face. ℞. Deux personnages
  assis, de face. Sou d'or.   *B.* 30 »

1627 *Michel et Théophile.* Indice M (8). Br. *B.* 2 »

1628 *Romain II.* Buste et légende (2). Br. *B.* 3 »

1629 *Romain III Argyre.* Sou d'or. *TB.* 35 »

1630 *Constantin X, Porphyrogenete et Romain.* Deux per-

sonnages en buste, de face, tenant une croix.
R̹. Buste du Christ, de face (14). Sou d'or. *TB.*   30   »

1631 *Nicéphore II Focas.* Types précédents (3). Sou
d'or.   *TB.*   35   »

1632 *Jean I Zimiscès* (6, 8 et 9). Br.   *B.* à   1 50

1633 *Constantin XI* (4). Br.   *B.*   3   »

1634 *Constantin XIII et Eudocie.* Monnaie fr. sur une
pièce de Jean I Zimiscès (1). Br.   15   »

1635 *Alexis I Comnène* (26). Br.   *B.*   1 50

1636 *Romain IV et Eudocie, avec ses fils* (1). Sou d'or
concave.   *TB.*   40   »

1637 *Manuel I Comnène* (24). Br.   *B.*   1   »

1638 *Michel VII Ducas* (1). Sou d'or concave.   *TB.*   28   »

ADDITIONS

1639 *Sexte Pompée, Pompée et Cn. Pompée fils* (1). Or. *B.*   400   »

1640 *Titus.* R̹. Vesta. Temple (349). Or.   *TB.*   70   »

1641 *Otac. Severa.* Alexandrie. Pot.   *TB.*   2   »

EN VENTE CHEZ L'AUTEUR :

Adrien de Walderfingen (*Méd. d'un Lorrain, XVIe siècle*). Paris,
   1892, in-4°, avec planche.   1 fr. 50

Badonviller, *Atelier monétaire des comtes et princes de Salm*. Paris,
   1893, in-8°, avec vignettes dans le texte.   1 fr. 50

Monnaies, *Médailles et Jetons relatifs à la Lorraine*. Paris, 1894,
   in-8°.   2 fr.
   Ce catalogue à prix marqués, orné de vignettes dans le
   texte, renferme près de 900 pièces.

Histoire des seigneurs et comtes de Sierk (*Lorraine*). Paris, 1895,
   sur papier de Hollande, avec planches dessinées à la plume.
                                                        10 fr.

SOUS PRESSE :

Monnaies et Médailles étrangères.   1 fr.

Mâcon, Protat frères, imprimeurs.